DAS GEHEIMNIS

DER TASCHENLADY

DAS GEHEIMNIS DES ERFOLGS IST ES,
KEINES DARAUS ZU MACHEN!

SANDY ELSBERG

Elsberg, Sandy

DAS GEHEIMNIS
DER TASCHENLADY
DAS GEHEIMNIS DES ERFOLGS IST ES,
KEINES DRAUS ZU MACHEN...

ISBN 978-3902-114075

Titel der amerikanischen Originalausgabe:
„BREADWINNER - BREADBAKER"
Elsberg, Sandy

Aus dem Amerikanischen übersetzt von Jürgen Schilling.

Herausgegeben von:
Life Success Media GmbH
A-6020 Innsbruck, Austria
info@mlm-training.com

Weitere Publikationen über Network Marketing erhalten Sie bei:

Printed in Europe

Inhalt

Widmung

Ich widme dieses Buch in Liebe

Jerry Rubin,

dafür, dass er mir Held und Partner ist.
Jerry, du hast mir so viel beigebracht:
Keine Angst davor zu haben, ein eigenes Leben zu leben,
und wie man Leidenschaft, Absicht, Kraft und
Dankbarkeit ins tägliche Leben bringt.
Du hast dem Begriff „freie Radikale" eine neue Bedeutung gegeben.
Ich liebe und vermisse dich.

John Milton Fogg,

dessen wunderbares Buch „Der beste Networker der Welt"
mich dazu inspiriert hat, über einen anderen
ultimativen Networker zu schreiben,
diesmal aus dem Blickwinkel einer Frau.
Vielleicht suchen wir in Beziehungen danach,
nicht nur gehört, sondern auch erkannt zu werden.
Danke, John, dafür, dass du mich erkannt hast –
schon bevor ich mich selbst erkannte.

Besonderer Dank gilt...

...einigen der ganz besonderen Engel, die Magie in mein Leben und Freude auf
meinen Weg gebracht haben...

...Susan Fogg, deren Freundschaft mich auf eine Weise gestärkt hat, wie nur wahr-
haft kraftvolle Frauen sie anderen Frauen geben können, und deren kristallklare
Vision mir immer einen Spiegel vor Augen hielt...

...Tony Rich, der mir, in einem seiner vielen brillanten Momente den Titel für
dieses Buch gab – und mir immer ein wundervoller Freund gewesen ist...

...Morty & Eleanor, meine Eltern, meine ersten und besten Mentoren - und die größten Network-Naturtalente, die ich jemals kannte. Mein Vater, weil er nicht erst auf das große Geld wartete, um ein Menschenfreund zu sein. Meine Mutter, weil allein schon ihre Gegenwart Menschen dazu verhalf, sich leichter, strahlender und zufriedener mit sich zu fühlen. Sie lehrten mich, dass es keine größeren Heiler gibt als Güte und Humor und sie haben mir mehr geschenkt als Sterne am Himmel stehen...

...meinen wunderbaren Geschwistern Stacey und Bradley und meinem Schwager, Bob McAdams, deren bedingungslose Güte und Unterstützung es mir weiterhin ermöglichen zu tun, was ich tue, die zu sein, die ich bin und ein wundervolles Leben in Fülle zu führen. Danke dafür, dass ihr immer für mich da seid...

...Bill und Gert Elsberg, meinen zauberhaften Paten, deren Fürsorge und Kreditkarten es mir ermöglicht haben, nicht nur „zum Tanzball zu gehen", sondern auch meine eigene Party zu schmeißen und mir ein eigenes Königreich zu erwerben...

...Bill, der mir meine eigene, wahre Kraft gezeigt hat und dem ich einige der kostbarsten Geschenke in meinem Leben verdanke...

...unseren Kindern, Eleah und Anna, die jeden Moment meines Lebens mit Bedeutung, Gleichgewicht und Lachen erfüllen...

...all den Freunden, Helfern, Beschützern, Rettern und Unterstützern, - aus der Upline, Downline und überall auf der Welt - deren Namen ein ganzes Buch füllen würden, wenn ich sie alle nennen wollte. Gott segne euch für den Beistand, den ihr mir mit eurem Mut, eurer Güte, eurer Besonnenheit und eurem ausgelassenen und mitteilsamen Geist gegeben habt...

... und all meinen großen weiblichen Idolen, meinen Göttinnen, diesen ungewöhnlichen Frauen, deren Inspiration ihre Schaffenskraft ist. Zu dieser himmlischen Liga von „Engeln mit Eierstöcken" gehören Mutter Teresa, Oprah Winfrey, Jane Fonda, Barbra Streisand, Bette Midler, Rosa Parks, Mary Kay, Terry Cole-

Whittaker, Golda Meir, Prinzessin Diana, Lucille Ball, Gloria Steinham, Marianne Williamson, Alice Walker, Maya Angelou, Eleanor Roosevelt, Harriet Tubman und viele andere, zu zahlreich, um sie hier alle aufzuzählen. Sie alle haben auf ganz eigene Art die stählerne Brustplatte und den gehörnten Helm angelegt und den Speer der verwandelnden Kraft der Liebe aufgenommen. Gemeinsam erlauben sie allen authentischen Kriegern, die Kraft ihrer Wut ebenso einzusetzen wie ihr Mitgefühl, ihre Stärke wie ihre Verwundbarkeit, ihren Witz, ihre Weisheit, ihre Begabung und ihre Demut, um zu einer positiven Veränderung in der Welt beizutragen. Ich bin in der Tat ihr hingebungsvolles Groupie.

B´virkat Shalom

Vorwort

„Mein Vater sagte immer, die allerbesten Lehrer seien die, die ihre Schüler dazu befähigen, sie zu überflügeln.

Sandy Elsberg verriet mir, dass mein Buch „Der beste Networker der Welt" ihr Lehrbuch gewesen sei. Wenn ich mir nun anschaue, wie gut ihr eigenes Buch geworden ist, muss ich sagen: Ich bin anscheinend ein wirklich guter Lehrer!

Nachdem ich ihr Buch gelesen hatte, war ich absolut davon überzeugt, dass ich dieses Business meistern würde: Ich weiß jetzt warum und wie und ich habe nicht den geringsten Zweifel daran, dass ich Erfolg haben werde. Ich bin mir sicher, dass Sie sich ebenso fühlen werden.

Sandy ist eine echte Lehrerin – die beste. Und Sie kann Ihnen beibringen, erfolgreich zu sein. Und eben weil sie eine dieser seltenen „besten Lehrer" ist, ist es durchaus möglich, dass Sie Ihnen zeigt, wie Sie sie eines Tages überflügeln. Und das ist – in Anbetracht dessen, wer Sandy ist und was sie bisher erreicht hat - die größte aller denkbaren Aufgaben.

Wenn Sie sich wirklich daran machen wollen, Ihr Brot nicht nur zu verdienen sondern es auch zu backen– und dabei mehr Spaß zu haben, als Sie sich vorstellen können – dann wartet auf den Seiten dieses faszinierenden und zauberhaften Buches Ihr Lehrer auf Sie."

John Milton Fogg
Herausgeber von Upline®
Autor von „Der beste Networker der Welt"

Einleitung

In der Geschichte, die Sie jetzt lesen werden, werden Sie einer Figur begegnen, die sich „Die Taschen-Lady" nennt.

Nein, ich bin nicht diese Lady, obwohl einiges von mir in ihr steckt – und einiges von ihr in mir – das hoffe ich zumindest.

Ich habe die „Taschen-Lady" erdacht, um in ihr die besten Qualitäten der hervorragendsten Menschen darzustellen, die ich in der Network-Marketing-Branche kenne. Sie überwindet ihre persönlichen Hindernisse und Fehlschläge und schafft sich durch die wundervolle Alchemie von Ehrlichkeit, Liebe, Leidenschaft und Tatkraft ihren Erfolg und ihr Schicksal selbst.

Sie hat Aspekte von Helen Keller –
„Das Leben ist entweder ein kühnes Abenteuer oder es ist überhaupt nichts," -

von Mary Pickford –
„Versagen ist nicht, wenn man fällt, sondern wenn man nicht wieder aufsteht," -

und Mutter Teresa –
„Gott schreibt einen Liebesbrief an die Welt und ich bin nur der Stift in Seiner Hand."

Sie verdient nicht nur ihr Brot, sie bäckt es auch - und sie ist ebenso Gärtnerin wie Kriegerin. (Und obendrein hat sie viel Geschmack bei der Auswahl ihrer Handtaschen!) Und wissen Sie was? Wenn Sie ihr genau zuhören und Ihre persönliche Leidenschaft in die Tat umsetzen, werden Sie viele Eigenschaften der Taschen-Lady in sich entdecken!

Ich habe dieses Buch geschrieben, weil ich einer Branche etwas zurückgeben wollte, die mich so reich dafür belohnt hat, dass ich an ihre grenzenlosen Möglichkeiten glaubte. Ich wollte ein Buch schreiben, das ganz klar herausstellt, dass Network-Marketing ganz gewöhnlichen Menschen ermöglicht, außergewöhnliche Dinge zu tun und durch das Erschaffen von Fülle in ihrem eigenen Leben und dem anderer mehr Liebe in die Welt zu bringen. Die daran verdienen,

dass sie einen Unterschied machen. Denen es gut geht, weil sie Gutes tun.
Man fragt mich oft nach dem Geheimnis meines Erfolges. Aber das ist es nicht: Es ist kein Geheimnis! Im Network-Marketing ist das Geheimnis des Erfolges, kein Geheimnis aus seinem Erfolg zu machen!
Der springende Punkt in diesem Geschäft ist, den persönlichen Erfolg zu mehren, indem man anderen nach besten Kräften hilft, ihre Ziele zu verwirklichen. Denn immer, wenn Sie jemandem helfen, ein Stück des Berges zu bezwingen, kommen Sie dem Gipfel selber ein Stück näher. Die wichtigste Arbeit dabei ist - die Arbeit an sich - sich selbst zu einer Blaupause zu machen, die es wert ist, kopiert zu werden.

Gandhi wurde einmal gefragt, ob er seine Botschaft an die Welt in einem einzigen Satz formulieren könnte. Seine Antwort war: „Mein Leben ist meine Botschaft."

Dies ist auch die wichtigste Botschaft der Taschen-Lady:
Leben Sie ihr Leben so, dass es Ihre persönlichen Werte verkörpert, Ihre tiefsten Überzeugungen und höchsten Ziele. Wenn Sie ein solches Leben führen, werden all Ihre Handlungen ein Ausdruck der Leidenschaft sein und Freude und Fülle in Ihr Leben bringen. Und sobald Sie Freude und Fülle ausstrahlen, werden sich Menschen von Ihnen angezogen fühlen. Sie werden Ihnen folgen.
Stellen Sie sich eine Welt vor, in der die Arbeit Spiel ist...
In der man nicht mit Anderen konkurrieren muss, um alles zu haben, was man braucht.... In der sich ganz gewöhnliche Menschen ihre Träume erfüllen können und anderen voller Freude beibringen, es ihnen gleich zu tun...

Wenn Sie sich das alles vorstellen können, dann können Sie es auch ins Leben rufen! Dann verkörpert Ihr Leben was Khalil Gibran einst sagte:

„Arbeit ist Liebe, sichtbar gemacht."

Sind Sie bereit für einen solchen Erfolg?
Gut! Freuen Sie sich auf die Taschen-Lady!

Sandy Elsberg
Maui, Hawaii

- Kapitel 1 -

...in dem wir die Taschen-Lady kennen lernen

Sie stand im Regen an der sechsten Avenue, Ecke 44. Straße und hob den Arm voller Zuversicht: Die typische Geste eines New Yorkers auf der Suche nach einem Taxi. Die Freiheitsstatue ohne Fackel. Sie atmete den altvertrauten Duft der Straße ein: dunstige, schmutzige Gehsteige, qualmende Busse und angebrannte Brezeln. Manhattan im April. Es gab einige Dinge, die sich in den 22 Jahren, in denen diese Stadt ihre zweite Heimat war, nicht geändert hatten.

Es war ein geschäftiger Tag gewesen. Zuerst das Treffen mit den Produzenten der Reggis and Chrissy Lee Show. Dann ein Arbeitsessen mit ihrem Verleger, mit dem sie schon zwei Bücher erfolgreich auf den Markt gebracht hatte und gerade das nächste plante. Und zuletzt die Präsentation bei einer Werbeagentur – das einzige Treffen, das nicht zu hundert Prozent zu ihrer Zufriedenheit ausgefallen war.

Sie war auf der Suche nach Leuten, die ihr helfen konnten, ihre neue Videoreihe zu vermarkten. Der Chef der Agentur war sehr charmant gewesen und die Arbeit seiner Firma war raffiniert und hatte Glamour. Aber eins erfasste sie für gewöhnlich blitzschnell, und zwar ob etwas Tiefe hatte oder nicht. Die Arbeit der Firma kam genauso daher wie der Boss: Viel Stil, wenig Substanz. Sie würde weitersuchen müssen.

Aus dem Augenwinkel sah sie eine junge Frau ein paar Meter weiter, die verzweifelt mit den Armen ruderte, um die Aufmerksamkeit eines Taxifahrers zu erzwingen. "Na, wer stand wohl zuerst an dieser Ecke?" dachte sie, ein wenig erstaunt und gleichzeitig amüsiert, weil ihre New Yorker Ethik wie selbstverständlich wieder von ihr Besitz ergriffen hatte. Aber es war nicht so wichtig. Sie hatte es nicht eilig.

Ihre Termine waren erledigt und sie hatte nur noch ihrem Magen und Geschmacksnerven Verpflichtungen gegenüber– und zwar genau in dieser Reihenfolge – und beides hatte definitiv Zeit. Ihre schmerzenden Füße allerdings sehnten sich nach einer Verschnaufpause und danach, den schönen, handgearbeiteten Leder-Pumps zu entkommen. Die mochten zwar modisch und sexy sein, aber sie war es nicht mehr gewohnt, acht Stunden lang auf hohen Hacken herumzulaufen. Meistens trug sie ausgeblichene Jeans und Turnschuhe – und arbeitete daheim mit dem Blick auf den Strand von Maui.

· Es gefiel ihr, von sich zu sagen, sie sei "nicht beschäftigungsfähig". Das entsprach der Wahrheit. An irgend einem, längst vergessenen, aber überaus wichtigen Zeitpunkt in ferner Vergangenheit hatte ihr Unternehmergeist im wahrsten Sinne des Wortes Besitz von ihr ergriffen. Seitdem war sie für alle Zeiten dazu bestimmt, für den besten Chef der Welt zu arbeiten: für sich selbst. Und auch dem entferntesten Beobachter konnte nicht entgehen, dass die Dinge gut für sie liefen – sehr gut sogar. Angefangen mit dem Anblick ihres maßgeschneiderten italienischen Regenmantels bis hin zu ihrem beeindruckenden, aber dezenten Schmuck : "Ein echtes Schnäppchen...," wie sie vergnügt zu sagen pflegte.

Wie auf Bestellung bog ein Taxi um die Ecke und kam quietschend und noch ein wenig Wasser spritzend genau vor ihr zum Stehen. Sie griff automatisch in Richtung Tür, erinnerte sich dann aber an die junge Frau in dem weiten, braunen Mantel.

Sie drehte sich zu ihr um und fragte: "Wo soll's denn hingehen?" Ihr Körper schien noch müder als ihre Stimme. "Penn Station. Dreiunddreißigste," sagte sie mit einem tiefen Seufzer, der nicht wirklich eine Antwort erwartete.

"Wollen wir uns das Taxi teilen?" fragte die Lady. Die Frau in Braun zögerte. Sie hatte sich noch nie zuvor ein Taxi geteilt. Aber dann fiel ihr wahrscheinlich die Babysitterin ein, die schon wütend auf die Uhr sehen würde und akzeptierte ohne Einwand.

"Danke vielmals," murmelte die Frau abwesend, die Augen niedergeschlagen und mit Mühe auf die hintere Sitzbank rutschend. "Wohin fahren Sie?"

"Ich wohne im Plaza Hotel. Das ist eigentlich die andere Richtung, ich weiß, aber es macht doch keinen Sinn, hier im Regen herumzustehen, oder? Wir werden Sie absetzen. Ich habe es nicht eilig."

"Danke," sagte die junge Frau und wurde langsam etwas lebendiger. "Ich weiß das wirklich sehr zu schätzen. Meine Babysitterin ist wahrscheinlich ohnehin schon sauer, wie es aussieht. Sie geht zur Abendschule und ich bin schon eine halbe Stunde zu spät, und ich bin sicher, dass sie den Job schmeißen wird, und wenn sie das tut, habe ich keine Ahnung, was..." Die Stille verschluckte den Rest des Satzes, während sie aus dem regenüberströmten Fenster starrte.

Sobald der Fahrer Bescheid wusste, wohin und wen er zuerst fahren sollte, machten es sich die beiden Frauen bequem für die lange Reise mitten durch die Stadt und den fast ruhenden Verkehr. Stoßzeit und Regen führen in Manhattan mit Sicherheit zum Verkehrsinfarkt. Ein ehernes Gesetz des Großstadtdschungels.

"Wieso parken wir eigentlich auf der Fahrbahn und fahren auf den Parkplätzen?" witzelte die ältere der beiden Frauen und kramte dabei in einer schwarzen Handtasche in der Größe und Form einer Briefträgertasche. Die Tasche war aus schwarzem italienischen Leder, butterweich und sanft glänzend poliert. Prachtvoll und absolut hinreißend. Und gut gefüllt. Sie zog einen ebenso teuer aussehenden Tagesplaner hervor und begann, sich Notizen zu machen. In der Zwischenzeit sank die junge Frau im braunen Mantel noch tiefer in ihre Ecke und hatte anscheinend den Ehrgeiz, eine Laune herauszukehren, die noch schlechter war als das trübe Wetter.

Die Taschen-Lady blickte auf. Beim Anblick des mehr als verlorenen Ausdrucks ihrer Begleiterin meldete sich plötzlich ihr Mutterinstinkt. "Also, Liebes – Sie sehen nicht sehr glücklich aus?!" Ihre Tonlage – teils Frage, teils Feststellung, teils Herausforderung – verriet sie augenblicklich. Einmal New Yorker, immer New Yorker...

"Schlechter Tag heute," antwortete die junge Frau mit flacher, dünner Stimme.

"Schlechter Tag?" erwiderte die Taschen-Lady, die Tonlage deutlich in Richtung Herausforderung verschiebend. "Schlechter Tag? Meine Mutter hat mir beigebracht, dass jeder Tag ein guter Tag ist, solange man lebt. Und Sie leben doch wohl noch, oder? Also, was kann daran so schlecht sein?"

Die junge Frau schwieg und kämpfte offensichtlich mit sich, ob sie das Risiko eingehen sollte, sich zu öffnen oder ob sie lieber mit ihrem Schmerz allein und sicher bleiben wollte. Sie versuchte, mit mäßigem Erfolg, ihre Tränen zurückzuhalten.

"Hören Sie zu, Liebes," sagte die Lady und legte dabei vorsichtig eine mit Diamanten glitzernde Hand auf den Ärmel des braunen Mantels, "- wie war noch gleich Ihr Name?"

"Dana."

"Hören Sie zu, Dana, ich will nicht lästig sein. Ich sehe, dass Sie nicht in der besten Verfassung sind. Aber möchten Sie mit mir reden? Ich kann ziemlich gut zuhören!"

"Oh... ich weiß nicht, ob das etwas nützen wird," gab die junge Frau mit einem unterdrückten Seufzer zurück. "Es ist alles – so hoffnungslos". Die angestauten Tränen in ihren Augen hatten die kritische Masse erreicht und plötzlich barst der Damm und eine Flut von Worten brach aus ihr heraus:

"Wissen Sie, ich versuche es ja! Ich tue wirklich mein Bestes. Aber nichts läuft so, wie ich mir es vorstelle. Ich bin so ein... Versager!" Sie schluckte, während ihre beißende Selbstanklage in der Luft hing. "Versager...". Die starke, warme Hand ihrer Mitfahrerin lag schweigend und besänftigend auf ihrem Arm. Sie fuhr fort: "All diese gemeinen Dinge, die er über mich gesagt hat. Mein Ex-Mann, meine ich," und sah nun ihre Begleiterin an. "Vielleicht hatte er ja recht. Vielleicht stimmt es, dass ich zu nichts tauge und dumm bin. Den ganzen Tag bin ich durch die Stadt gerannt. Niemand gibt mir einen Job. Niemand! Und warum auch? Ich bin zu nichts zu gebrauchen, außer dazu, mich um meine Kinder zu kümmern. Und selbst da bin ich mir nicht so sicher, ehrlich gesagt. Der kleine Kevin ist in letzter Zeit dauernd krank. Wahrscheinlich, weil ich ständig die Heizung herunter drehe, um Geld zu sparen. Und Katie hat Asthma. Natürlich bin ich nicht versichert und kann das Geld für den Allergietest nicht aufbringen. Die Miete ist schon lange überfällig und der Vermieter kann uns jeden Tag vor die Tür setzen. Oh ja, und meine uralte Klapperkarre hat letzte Woche den Geist aufgegeben. Das ist alles so hoffnungslos, ich weiß überhaupt nicht mehr, was ich machen soll..."

Sie schluchzte jetzt, und ihr Schluchzen erfasste ihren ganzen Körper mit seinen 50 Pfund Übergewicht, von denen jedes einzelne mit schweren Gefühlen beladen schien und sie nach unten zog.

Plötzlich hörte man unmissverständlich, wie eine Naht nachgab, als die gespannten Säume ihres Regenmantels dem Druck nicht mehr standhielten. Dana hörte vor Überraschung auf zu weinen. Als ihr klar wurde, was passiert war, sah sie verstohlen zu ihrer Begleiterin hinüber, um festzustellen, ob sie etwas gemerkt hatte. Die andere Frau lächelte mit einem listigen Zwinkern zurück – und im nächsten Augenblick kicherten beide los wie Schulmädchen.

"Okay, ich habe verstanden. Sie sind unglücklich. Warten Sie einen Moment. Ich hab da vielleicht was für Sie...." sagte die Ältere der beiden, während sie tief in ihrer riesigen schwarzen Tasche kramte und schließlich triumphierend einen – unglaublich, aber wahr – simplen Lichtschalter aus weißem Plastik hervorzog.

"Hier," sagte sie und hielt ihn Dana unter die Nase, "wenn Sie wieder mal unglücklich sind, legen Sie einfach diesen Schalter um!"

Es verschlug ihr die Sprache. Halb belustigt, halb verwirrt sah sie zu der Lady rüber.

"Sie müssen entschuldigen, meine Liebe," sagte diese betont lässig, "dass ich auf so einfache visuelle Hilfsmittel zurückgreife. Das kommt davon, wenn man zehn Jahre lang Erstklässler unterrichtet hat. 'Dick und Jane, sagt Dana guten Tag!'" fügte sie grinsend hinzu.

Dann sah sie Dana sanft, aber bestimmt in die Augen: "Ich meine das ernst. Im Augenblick haben Sie das Gefühl, Ihr Leben nicht unter Kontrolle zu haben. Ehrlich gesagt, haben wir das Meiste in unserem Leben ja auch nicht unter Kontrolle. Außer... das, was wir denken. Niemand, wirklich niemand kann Ihnen irgendetwas in den Kopf setzen, wenn Sie ihm nicht dazu Ihre volle Erlaubnis gegeben haben."

Dana hörte nun aufmerksam zu.

"Und wissen Sie was? Alles, was in Ihren Gedanken vorgeht, spielt sich auch in Ihrem Leben ab. Das ist eine Tatsache. Ich bin der lebende Beweis dafür."

Dana schaute auf den Lichtschalter, den die Lady immer noch in der Hand hielt.

"Ich will ja nicht unhöflich sein, Madam," sagte sie entschuldigend, "aber das Thema Geld scheint Ihnen keine großen Kopfschmerzen zu bereiten. Es ist jedoch nicht leicht, positiv zu denken, wenn man die Sparschweine seiner Kinder plündern muss, um ihnen etwas zu essen zu kaufen!"

Die Lady lächelte. "Wissen Sie, Dana, das erinnert mich daran, was ich von der großen Gospel-Sängerin Mahalia Jackson gelernt habe. Sie sagte, unabhängig zu sein, wenn man Geld hat, sei einfach. Die wahre Prüfung ist, ob du auch unabhängig sein kannst, wenn du keinen Cent hast. Ich weiß – im Augenblick glauben Sie, der unglücklichste Mensch auf der Welt zu sein. Ich kann mir das deshalb so gut vorstellen, weil es mir mal ganz ähnlich gegangen ist. Ich war an dem gleichen Punkt, an dem Sie jetzt sind."

"Wollen Sie mich auf den Arm nehmen?"

"Nein, das ist gerade mal acht Jahre her."

"Was ist denn passiert? Wie ist es Ihnen gelungen, Ihr Leben so zu ändern?"

"Das ist eine lange Geschichte, wie man so schön sagt. Im Augenblick genügt vielleicht die Kurzversion," antwortete die Frau und setzte sich Dana genau gegenüber – so, wie sie ihre Geschichte am liebsten erzählte.

"Meine Welt war ein einziges Chaos. Ich war ein wenig älter als Sie und im achten Monat schwanger mit meiner zweiten Tochter. Mein älteres Kind war zu dieser Zeit schon fünf. Es war eine Risikoschwangerschaft und ich hatte, genau wie Sie, keine Krankenversicherung. Ich musste sogar staatliche Hilfe beantragen, ob Sie es glauben oder nicht. Die Wohlfahrt in Anspruch nehmen! Meine Frauenärztin hat mich allen Ernstes wieder weggeschickt. Regelrecht hinausgeworfen mit der Aufforderung, erst dann wiederzukommen, wenn ich die zweitausend Dollar, die ich ihr schuldete, auf den Tisch legen konnte.

Können Sie sich das vorstellen? Ich musste ihr sagen, dass ich keine zweitausend Dollar hatte. Ich hatte keine zwei von überhaupt nichts..."

Dana war gefesselt. Sie begann, diese Frau zu mögen – sehr sogar.

"Ich war wirklich verzweifelt. Ich hatte 250.000 Dollar Schulden. Und wie hätte ich noch einen Job bekommen sollen – ich wog hundert Pfund zuviel und meine Fußgelenke waren auch nicht breiter als die anderer Frauen. Versuchen Sie damit mal, eine Arbeit zu finden!

Ich hatte schon angefangen, meine Kreditkarten für Lebensmittel zu benutzen, um wenigstens einkaufen zu können, aber schließlich hatte ich auch da das Kreditlimit erreicht. Mein Mann war schwer krank und konnte nicht arbeiten. Manchmal ist er nach dem Duschen vor Erschöpfung zusammengebrochen. Armer Mann. Da war alle Hilfe zu spät. Stellen Sie sich vor, da hatte ich meinen Märchenprinzen gefunden, aber nun war er.....

Es gab niemand, an den ich mich hätte wenden können. Niemanden! Das Baby und ich waren zusammen in einen Körper eingesperrt, der keinen von uns beiden wirklich tragen konnte – geschweige denn, jemand anderen. Zu sagen, dass mein Leben nicht funktionierte, wäre eine harsche Untertreibung gewesen."

Dana war aus ihrer Ecke herausgekommen und lehnte sich nun in die Richtung ihrer Gefährtin, während sie jedes ihrer Worte in sich aufsaugte.

"Mir war klar, dass sich irgendetwas ändern musste. Und während zwei nicht enden wollender Stunden, die ich in diesem eiskalten Wartesaal der Wohlfahrtsbehörde saß, tobte ein Feuersturm in meinem Kopf. Meine Wut wuchs von Augenblick zu Augenblick. Sie können sich nicht vorstellen, wie sehr ich mich gedemütigt fühlte.

Und dann war es plötzlich, als ob jemand einen Schalter umgelegt hätte..."

"Was ist passiert?" flüsterte Dana atemlos.

"Irgendetwas in mir brach einfach auf. Eine leise, aber erstaunlich kraftvolle Stimme in mir sagte: 'Nein! Nein danke. Das ist nicht das Richtige für mich und meine Familie. Das will ich nicht. Nein danke!' Ich stand auf, gab der Frau am Schalter die Formulare zurück und ging hinaus, ohne mich auch nur einmal umzudrehen."

Dana, nun völlig von der Geschichte gefangen, wollte mehr hören.

"Aber was haben Sie dann gemacht?"

Die Lady sah aus dem Fenster und begutachtete das Verkehrsaufkommen. "Wir sind in den letzten zehn Minuten kaum vorangekommen, was? Sieht fast so aus, als hätten wir noch genug Zeit für den Rest der Geschichte. Aber sagen Sie mal: Was ist mit Ihrer Babysitterin? Denken Sie, dass sie sehr ärgerlich sein wird?"

Die Babysitterin! Dana hatte gar nicht mehr daran gedacht, dass sie ja völlig verspätet war.

"Oh je, Sie haben recht. Ich sollte zumindest anrufen. Aber... es dauert noch bis Penn Station. Dort kann ich mir eine Telefonzelle suchen und telefonieren."

"Wissen Sie was?," sagte die Lady freundlich und begann erneut, in ihrer Tasche zu kramen, bis sie ein kleines graues Gerät herauszog und es Dana überließ. "Ich nehme mein Handy überallhin mit. Blitztelefonate sind meine liebste Übung..." Sie zwinkerte. "Fast so lieb wie luxuriös essen gehen...".

"Machen Sie einfach das Beste daraus, solange wir verirrte Touristen spielen, die im Verkehr feststecken. Rufen Sie Ihre Babysitterin an und dann können wir weiterreden. Wie ist die Nummer?" Flink tippte sie die Nummer ein und gab

Dana das kleine, glatte Gerät.

Das Gespräch war schnell beendet. Die Babysitterin war diesmal ungewöhnlich verständnisvoll. Dana gab der Lady ihr Handy zurück, die es schnell wieder in ihrer Tasche verschwinden ließ.

"Die macht schon was her," sagte Dana mit Blick auf die große schwarze Tasche. Das Gesicht der Lady leuchtete auf: "Die ist so 'ne Art Markenzeichen. Diese Tasche habe ich immer dabei – und überall. Ein paar meiner Freunde nennen mich sogar 'Taschen-Lady'. Gefällt Sie Ihnen?"

"Sie ist wunderbar," antwortete Dana mit einem einnehmenden Lächeln. "Aber bitte, erzählen Sie doch ihre Geschichte weiter!"

"Also gut. Haben Sie schon mal den Spruch gehört: 'Wenn der Schüler bereit ist, erscheint der Lehrer von selbst'?" Dana schüttelte den Kopf. "Nun, aber genau so funktioniert das Universum. Das können Sie mir glauben. Wenn Sie anfangen, mehr auf andere Dinge zu achten als immer nur auf Ihre Probleme, werden Sie sehen, dass das stimmt.

Das bisschen Geld, das ich damals hatte, verdiente ich mir, indem ich hin und wieder Massagen gab. Am nächsten Tag also hatte ich eine Klientin und sie erzählte mir von einem neuen Geschäft, mit dem sie gerade begonnen hatte. Es nannte sich 'Network-Marketing' – haben Sie schon mal was davon gehört?" Dana musste erneut verneinen.

"Sie war anscheinend ziemlich glücklich damit, wie gut ihr Geschäft lief – und dann, zu meinem großen Erstaunen, schlug sie mir auch noch vor, doch mein eigenes zu eröffnen und mir dabei sogar zu helfen. Auf die Frage, was sie denn verdiene, antwortete sie, sie sei erst im zweiten Monat dabei und erwarte, dass sie am Ende des Monats einen Scheck von etwa 4 bis 7000 Dollar erhalten würde! Ich war völlig platt. Ich dachte: 7000 Dollar! Das könnte ich gut gebrauchen!

Also nahm ich ihr Angebot an. Ich nahm mir vor, gleich im ersten Monat einen Scheck über 7000 Dollar zu verdienen. Ich dachte, wenn sie wusste, wie man das macht, könnte sie es mir auch gleich beibringen. Ich wusste einfach, dass ich es tun würde."

"Und? Ist es so gelaufen?" Dana konnte kaum erwarten, zu hören, wie es weiterging.

"Nein...," gestand die Taschen-Lady und stieß einen melodramatischen Seufzer aus, um gleich darauf mit einem Ausdruck des Triumphs fortzufahren: "Aber mein erster Scheck reichte aus, um die Entbindung und alle offenen Arztrechnungen zu bezahlen. In den ersten vier Wochen habe ich außerdem genügend Produkte verkauft, um ein Kinderbett und einen Kinderwagen zu kaufen und um meine Familie durchzufüttern. Mir war jetzt klar, dass ich von meinem Schuldenberg herunterkommen würde. Und, das wird Ihnen gefallen;" sie strahlte Dana an und legte, wie zur Bekräftigung, eine Hand auf die ihre, "mein erster Scheck kam genau einen Tag nach dem Baby! Da ist bei mir der Groschen gefallen und mein Leben hat sich für immer geändert."

"Irre!," stieß Dana erstaunt und voller Bewunderung hervor, und mehr brachte sie zunächst auch nicht heraus. Eine nachdenkliche Stille trat ein und ein paar Minuten war es sehr ruhig im Wagen. Dana starrte aus dem Fenster und ihre Gedanken überschlugen sich in dem Maße, wie sie die Erzählung ihrer Begleiterin auf sich einwirken ließ.

Dann bemerkte sie, dass sie trotz des langsamen Tempos schon fast die 35. Straße erreicht hatten. Es waren nur noch zwei Blocks. Sie dachte, dass sie jetzt eigentlich leicht aussteigen und zu Fuß weiter laufen könnte, aber eine innere Stimme sagte ihr, dass sie das nicht tun sollte. Sie würde sogar schneller sein. Die Stimme sagte nein. Sie musste sich selbst dazu überreden, noch zu bleiben und die Zeit zu nutzen, die ihr noch mit dieser außergewöhnlichen Frau bleiben würde.

Die Zeit verflog. Schließlich fasste sich Dana ein Herz und fragte: "Denken Sie, ich könnte das auch tun? Könnte ich dasselbe tun wie Sie?"

Mit einem warmen Lächeln griff die Lady noch einmal tief in ihre Tasche. Diesmal zog sie einen kleinen Bilderrahmen aus Messing hervor und hielt ihn Dana vors Gesicht. "Nur wenn Sie es wirklich wollen. Aber Sie müssen verstehen: es geht nicht nur darum, es zu 'wollen'. Gewollt haben Sie seit Jahren – stimmt´s?"

Dana nickte zustimmend, ohne genau zu verstehen, was gemeint war.

"Das Universum nimmt Sie immer beim Wort, Dana. So lange Sie etwas nur 'wollen', bleiben Sie immer beim Wollen. Sie bekommen nicht, Sie wollen bloß. Verstehen Sie das?"

Wieder nickte Dana, diesmal mit mehr Verständnis.

"Ich spreche über ein brennendes Verlangen, Dana, so stark, dass es die Sehnsucht in Ihrem Herzen weckt und Sie bis in die Träume verfolgt. Das Sie schon früh am Morgen erwachen lässt, weil Sie es nicht erwarten können, sich an die Arbeit zu machen. Ich spreche von Leidenschaft, Dana!"

"Hier." Sie gab ihr den kleinen, verzierten Bilderrahmen. "Sie entscheiden ganz allein, wer Sie wirklich sein werden. Sehen Sie sich selbst als die Person, die zu werden Ihre ganze Leidenschaft weckt. Und stellen Sie sich so vor – nicht in ferner Zukunft, sondern jetzt, hier – wie Sie sein wollen, für Sie und für Ihre Familie. Dann stellen Sie sich dieses Bild in diesem Rahmen vor. Das ist der erste Schritt, der Ihr Leben für immer in eine bessere Richtung lenken wird."

"Wissen Sie," fuhr die Lady fort, "ein sehr kluger und lieber Mensch, den ich kannte, hat immer zu mir gesagt: 'Sieh deine Zukunft – und dann arbeite dich rückwärts vor!' Und es ist an der Zeit für Sie, genau dasselbe zu tun."

In Danas Kopf wirbelte alles durcheinander. Sie wusste, dass dies ein bedeutsamer Augenblick in ihrem Leben war. Sie hatte das Gefühl, plötzlich den richtigen Gang eingelegt zu haben. Etwas war plötzlich anders. Zum ersten Mal seit Wochen, nein, seit Monaten fühlte sie sich wirklich gut. Diese Gelegenheit konnte sie sich nicht entgehen lassen.

"Werden Sie mir helfen?" platzte es, zu ihrem Erstaunen, plötzlich aus ihr heraus.

Das Taxi näherte sich bereits der Bordsteinkante vor dem Gebäude, das früher einmal Gimbels Department Store war. Darunter war Penn Station.

"Ich bin jetzt noch zehn Tage in der Stadt," sagte die Taschen-Lady. "Ich muss mich um ein paar Geschäfte kümmern und werde meine Familie hier besuchen. Denken Sie darüber nach, worüber wir gesprochen haben, Dana. Überlegen Sie sich genau, ob Sie bereit sind zu einer echten Verpflichtung Ihnen selbst und dem Leben gegenüber, von dem Sie träumen. Sie wissen, ich wohne im Plaza Hotel. Wenn Sie mich sprechen möchten, rufen Sie mich an."

Sie kritzelte eine Telefonnummer auf ihre Visitenkarte und steckte sie Dana zu. Eilig sammelte Dana ihre Siebensachen und die Geschenke der Lady zusammen – den Lichtschalter und den Bilderrahmen – und stopfte sie in ihre Handtasche. Sie bezahlte das Taxi und gab soviel Trinkgeld, wie ihr möglich war, um noch ein paar Münzen für die U-Bahn nach Hause zu haben. Dann schaute sie der Lady direkt in die Augen, was sie sonst kaum machte, und stellte fest, dass es ein gutes Gefühl war. Sie verabschiedete sich mit einem kräftigen Händedruck und einer Stimme, die nicht die ihre zu sein schien:

"Ich danke Ihnen sehr! Dieses Gespräch werde ich niemals vergessen. Sie werden von mir hören!" Und sie lächelte so zuversichtlich und selbstsicher, wie sie es schon sehr, sehr lange nicht mehr getan hatte.

Dann rannte sie die Stufen zur Penn Station hinunter. Vorbei an den Drehkreuzen, quer durch den betriebsamen Endbahnhof und war sehr erleichtert, als sie sah, dass der Zug, in dem schon viele Fahrgäste saßen, noch auf sie wartete. Sie ließ sich auf einen Sitz fallen, während sich alle ihre Gedanken um das Gespräch mit der Taschen-Lady drehten.

Wie alle U-Bahn-Passagiere überall auf der Welt ließ sie ihre Augen automatisch über die Werbebanner gleiten, die im Inneren des Wagens über den Abteilfenstern hingen. Eine Werbung für einen bekannten Sportschuh-Hersteller fiel ihr ins Auge und der Slogan traf sie mitten ins Herz:

"JUST DO IT" stand da zu lesen.
"TU ES EINFACH!"

"Ja!" sagte die Stimme in ihrem Innern.
"Ja!"

- Kapitel 2 -

Stell Dir vor...

Als Dana die Wohnungstür öffnete, hatte sie noch immer den Slogan im Kopf: „Just do it! Tu es einfach! Tu es. Tu es. Tu es!" Sie konnte an nichts anderes mehr denken. Wieder und wieder lief die Begegnung mit der Taschen-Lady vor ihrem inneren Auge ab. Was, wenn das alles wahr wäre? Wenn sie wirklich ihr ganzes Leben ändern könnte, jetzt sofort, heute? Sie betrat das Wohnzimmer, in dem gerade ein großes Durcheinander herrschte. Wendy, die Babysitterin, hatte bereits ihren Mantel übergeworfen und lief eilig zur Tür. „Der Kleine hat schon gegessen, aber noch nicht gebadet. Katie muss noch ein paar Hausaufgaben machen. Auf dem Tisch liegt ein Brief von ihrem Lehrer. Bis morgen!"

Und schon war sie weg, verschwunden, bevor Dana auch nur „Auf Wiedersehen!" sagen konnte.

Im Nu hatte die vierjährige Katie ihre Arme fröhlich um die Beine ihrer Mutter geschlungen. „Mammi ist wieder da! Ich will mit dir malen, Mammi! Bitte, bitte, mal mit mir!"

Der kleine Kevin war, als er die Rückkehr seiner Mutter bemerkt hatte, ebenfalls sofort aus seinem Kinderstuhl geklettert. Er war von oben bis unten voller Tomatensauce und Spaghettisträhnen hingen in seinem goldblonden Lockenkopf. Sofort verblasste die Erinnerung an ihre faszinierende Taxifahrt und Dana hatte nur noch Augen für ihre Kinder.

Erst viel später, als sie das Baby endlich liebevoll für die Nacht versorgt hatte und sie mit Katie malend am Boden saß, fiel ihr plötzlich der Bilderrahmen wieder ein, den ihr die Taschen-Lady geschenkt hatte. Sie nahm ihn und den Lichtschalter aus ihrer Handtasche und brachte beides mit zu dem mit Farbstiften übersäten Wohnzimmertisch. Sie machte etwas Platz und stellte den Rahmen so auf, dass sie ihn sich anschauen konnte.

„Mammi, warum ist da kein Bild drin?" wollte Katie wissen.

„Weil wir erst noch eins reintun müssen, Liebling!" sagte Dana, wobei sie ebenso mit sich selbst wie zu ihrer Tochter sprach.

„Darf ich eins malen, Mammi? Ich male ein Bild für in den Bilderrahmen, ja?!"
„Klar, Kleines. Das ist eine gute Idee. Magst du nicht ein Bild von deiner Mammi malen? Willst du das für mich tun?!"

Katie war hocherfreut. Entschlossen und genüsslich stürzte sie sich auf die Aufgabe. Während die pummeligen, kleinen Finger ihrer Tochter der fetten roten Wachskreide ihren Willen aufzwangen, dachte Dana wieder an die Taschen-Lady. „Stellen Sie sich bereits heute so vor, wie Sie sich in der Zukunft sehen!" Hatte sie nicht das zu ihr gesagt?

Dana ließ den Blick durch den Raum schweifen. Dieses kreative Chaos hatte etwas, das sie für kein Geld der Welt hergeben würde. Hier lebten glückliche und lebendige Kinder – das konnte man sehen, überall. „Eigentlich ist das alles ganz in Ordnung so," dachte Dana. Man konnte sicherlich so manches verbessern. Allerdings würde sie dafür etwas Geld oder einen Kredit brauchen, und sie hatte weder das eine noch das andere. Wenn sie doch nur einen Job finden könnte! Aber das würde wiederum bedeuten, dass sie die Kinder noch häufiger einem Babysitter überlassen müsste und das war eine grauenhafte Vorstellung.

„Mammi, guck mal! Ich hab´ ein Bild von dir gemalt! Gefällt es dir?"

Katie hatte ihre Mutter ganz in rot gemalt, ihrer beider Lieblingsfarbe. Die Mammi auf dem Bild hatte starke, kraftvolle Arme, die wie Balken aus ihren beiden Körperseiten herausstanden, und lange Spinnenfinger, die aussahen, als ob sie alles ergreifen wollten, was sie erreichen konnten. Über ihrer rechten Schulter hing eine wunderschöne, riesige, hellgelbe Kugel, von der aus sich Sonnenstrahlen verschwenderisch über die Blattränder hinaus ergossen. Aber das eindrucksvollste an der Person auf dem Bild war ihr Lächeln – dargestellt durch einen verwegenen, breiten, farbigen Halbkreis, der fast das ganze Gesicht ausfüllte.
Dana betrachtete das Bild ihrer Tochter und war einen Moment lang sprachlos. Sie fühlte plötzlich, dass sie die Frau auf diesem Bild liebte. Sah ihre Tochter

sie wirklich so? So kraftvoll, glücklich und strahlend? In diesem Augenblick wurde ihr etwas klar: Wenn Katie sie so sehen konnte, war es an der Zeit, sich selbst ebenfalls so zu sehen!

„Das ist wunderschön, Katie!," sagte Dana. „Das ist das schönste Bild, das je von mir gemalt wurde! Danke, meine Süße. Vielen, vielen Dank!" Sie schob die Zeichnung vorsichtig in den Rahmen. Dann nahm sie Katie in die Arme und wiegte sie eine ganze Weile sanft.

Irgendwann, mitten in der Umarmung und mitten in ihrem Kopf, hörte Dana plötzlich ein Geräusch. Was war das? Was für ein merkwürdiges Geräusch? Es war ein.... „Klick." Das war es! „Klick" – genau so wie das Klicken eines Lichtschalters....

- Kapitel 3 -

Die Arbeit am Inneren

Um acht Uhr am nächsten Morgen klingelte das Telefon in der Hotelsuite der Taschen-Lady. Sie war vor zwei Stunden aufgestanden und hatte bereits geduscht, gefrühstückt, ihren Anrufbeantworter abgehört und ihre Emails abgehakt. Als Danas Anruf sie erreichte, hatte sie es sich gerade in einem schönen Sessel bequem gemacht und begonnen, ein schönes, neues Buch über persönliches Wachstum zu lesen.

„Bitte sagen Sie mir, was ich als Nächstes tun soll", forderte Dana, jede Höflichkeit vergessend.

„Und einen schönen guten Morgen auch Ihnen, meine Liebe!" erwiderte die Taschen-Lady pointiert. „Sie sind Dana aus dem Taxi, stimmt's?" Seitdem sie sich mit Dana im Taxi unterhalten hatte, hatte sie zwar mit Dutzenden anderen Menschen gesprochen, aber als meisterhafte 'Telefonistin' vergaß sie fast nie eine Stimme, die sie einmal gehört hatte.

„Ja. Oh, Entschuldigung, das war unhöflich von mir. Guten Morgen. Einen guten Morgen wünsche ich Ihnen auch", erwiderte Dana beschämt.

„Schön von Ihnen zu hören, Dana. Haben Sie den Zorn Ihrer versetzten Babysitterin überlebt?"

„Nein..., äh..., ja doch. Es war eigentlich gar nicht so schlimm... – Ich habe sehr viel über das nachgedacht, was Sie gesagt haben. Um ehrlich zu sein, ich habe fast über nichts anderes nachgedacht. Ich konnte kaum schlafen. Ich muss unbedingt wissen, wie Sie es geschafft haben und wie ich das auch schaffen kann. Würden Sie mir dabei helfen, bitte?"

„Nun, das kommt drauf an. 'Ich muss unbedingt wissen' klingt ja schon ganz gut. Aber wissen Sie wirklich genau, dass Sie nicht 'ich will' oder 'ich möchte' meinen? Sind Sie sich ganz sicher, dass Sie es wirklich müssen und nicht nur wollen? Ich verschwende meine Zeit nicht mehr gerne mit Menschen, die sich über den Unterschied nicht im Klaren sind."

„Aber ich will, ich meine, ich muss es unbedingt wissen, mehr als Sie es sich vielleicht vorstellen können. Bitte sagen Sie mir, was ich tun kann."

„Ich kann Ihnen nicht versprechen, dass es für Sie über Nacht funktionieren wird – oder in einem Monat oder auch erst in einem Jahr. Aber ich kann Ihnen versprechen, dass Sie von Anfang an Geld verdienen werden, vielleicht sogar schon heute.

Aber, Dana, ich suche Menschen, die bereit sind, sich wirklich und wahrhaftig einzulassen. Sind Sie bereit für eine Meisterleistung?" Die Taschen-Lady machte eine kleine Pause und fing dann an zu lachen. „Okay, keine Angst, ich rede nicht über Vollkommenheit. Ich rede über eine echte Meisterleistung: ein prall gefülltes Bankkonto!"

„Oh," lachte Dana. „Ich bin bis zum Anschlag bereit! Wann fangen wir an?"

„Wie schnell können Sie hier sein?" fragte die Taschen-Lady.

Eine Stunde später stand Dana vor der Tür. „Womit fangen wir an?" fragte sie gleich, als sie herein kam, ohne sich mit den üblichen Floskeln aufzuhalten. Sie war offensichtlich bereit, sich gleich hinein zu stürzen.

„Ich schlage vor, dass wir uns erst einmal setzen, vor allem Sie," sagte die Lady, die daraufhin selber Platz nahm. Dana setzte sich vorsichtig und wie zum Sprung bereit auf den Rand eines alten, gemütlichen Sessels, ihrer neuen Mentorin gegenüber.

„Wir werden damit anfangen, dass wir an Ihnen arbeiten, Dana", sagte Lady.

Die neue Schülerin wurde auf der Stelle verlegen und blickte schüchtern an sich und vor allem an ihrer Kleidung herunter. „Wissen Sie," sagte sie langsam, „mir ist schon klar, dass ich für diesen Job nicht richtig angezogen bin. Ich hatte es ziemlich eilig, wie Sie wissen, und außerdem besitze ich keine große Garderobe. Aber ich denke schon, dass ich mehr zustande bringen kann als das hier."

„Ich rede gar nicht über Ihre Kleidung, Liebes. Das sind bloß Äußerlichkeiten und die werden sich mit der Zeit von selber ändern. Nein, um Ihr Leben zu verändern, müssen Sie „INNEN" anfangen."

„Ich weiß nicht, ob ich das verstehe," erwiderte Dana unsicher.

„Okay, ich möchte Ihnen eine Frage stellen. Wenn ich Sie so anschaue, dann sehe ich etwas absolut Großartiges an Ihnen. Können Sie sich vorstellen, was das sein könnte?"

Dana war verblüfft. In ihren eigenen Augen hatte sie es lediglich geschafft, ein riesiges Chaos aus ihrem Leben zu machen. Und sie wusste nicht, was daran so großartig sein sollte. „Umm", war alles, was sie rausbrachte.

„Gut, ich sag's Ihnen," sagte die Lady entgegenkommend. „Sie haben heute eine große Entscheidung getroffen, eine Entscheidung, vor der viele Menschen Angst haben und der sie aus dem Weg gehen. Sie wollen vielleicht das Gleiche wie Sie, sind aber nicht stark genug, um wirklich mal die Fernbedienung beiseite zu legen und den Fernseher auszuschalten. Darüber hinaus haben Sie gezeigt, dass Sie bereit sind, ein Risiko einzugehen, das noch viel weniger Leute auf sich nehmen würden: nämlich das Risiko, zu scheitern. Verstehen Sie, was ich meine? Was Sie heute getan haben, dazu braucht man Mut!"

„So habe ich das noch gar nicht gesehen."

„Eben! Und genau daran werden wir heute arbeiten."

Die Lady griff wieder mal in ihre Tasche, die wie selbstverständlich auch hier direkt neben ihr stand. „Bitte schön. Es ist an der Zeit, sich mal was anderes anzuhören." Sie gab Dana eine Kassette. Dana drehte sie hin und her auf der Suche nach der Beschriftung. „Na, machen Sie sich mal keine Gedanken," beantwortete die Taschen-Lady ihre Frage, noch bevor Dana sie aussprechen konnte. „Das ist eine Kassette, die ich selber aufgenommen habe."

„Was ist drauf?" wollte Dana wissen.

„Bevor ich Ihnen sage, was drauf ist – lassen Sie mich lieber erklären, warum es drauf ist. Erinnern Sie sich an unsere Taxifahrt gestern, an den Augenblick, in dem Sie mir all die Dinge erzählt haben, die in Ihrem Leben nicht funktionieren? Erinnern Sie sich an die Worte, mit denen Sie sich selbst beschrieben haben?"

Dana versuchte, sich die entsprechenden Abschnitte des Gesprächs ins Gedächtnis zu rufen, aber merkwürdigerweise konnte sie sich nicht mehr allzu gut an die Dinge erinnern, die sie selbst gesagt hatte. Sie erinnerte sich nur noch an die Worte der Lady.

„Ich sehe schon, Sie wissen es nicht mehr. Vielleicht kann ich Ihnen behilflich sein? Kommt Ihnen das Wort 'Scheitern' bekannt vor? Oder was ist hiermit: 'wertlos...', 'dumm...', hoffnungslos...'?"

„Das stimmt. Ich habe diese Worte benutzt," musste Dana gestehen.

„Dana, ich möchte Ihnen in Glaubensangelegenheiten keinesfalls zu nahe treten – aber glauben Sie an eine Höhere Macht?"

„Oh, ja. Ich bin zwar nicht direkt das, was man religiös nennen würde, aber ich glaube an einen Gott."

„Und glauben Sie, dass dieser Gott Sie und alle anderen Wesen auf diesem Planeten erschaffen hat?"

„Natürlich!"

„Nun, dann scheinen Sie Ihn aber nicht besonders hoch zu achten. Ich kann mir nicht vorstellen, dass ein Gott, der was auf sich hält, hoffnungslose Fälle und nutzlose, törichte Idioten erschafft. Oder?" fragte die Taschen-Lady provokativ.

„Mir ist klar, worauf Sie hinaus wollen. Aber ich mache ja nicht Gott dafür verantwortlich, sondern nur mich selbst."

„Wunderbar! Das ist ein guter Anfang – Sie übernehmen die Verantwortung für das, was in Ihrem Leben passiert. Sie sind wirklich ein seltener Vogel! Und spüren Sie, wie viel Kraft Ihnen das gibt? Denn wenn Sie die Fähigkeit hatten, es so hinzubiegen, wie es jetzt ist, haben Sie auch die Macht, es zu verändern! Richtig?"

„Ja, das stimmt. Und deshalb bin ich ja auch hier bei Ihnen."

„Sehr schön! Woran wir heute also als Erstes arbeiten, sind diese grässlichen, selbstzerstörerischen Worte in Ihrem Kopf. Jetzt will ich Ihnen etwas zeigen." Die Taschen-Lady stand auf, ging ans Waschbecken und kam mit einem Krug voll Wasser und einem Glas zurück. „Tun Sie mir einen Gefallen, meine Liebe, und holen Sie mir bitte eine Dose Cola aus der Bar dort drüben."

Dana sprang gleich auf, um ihren Wunsch zu erfüllen, während sich die Lady suchend im Raum umsah. Auf einer Kommode fand sie schließlich eine große Kristallschale, gefüllt mit Früchten. Sie nahm das Obst heraus und stellte die Schale auf ein kleines Tischchen, das zwischen ihnen stand. Dann stellte sie das volle Glas in die Schale. Anschließend kramte sie wieder in ihrer Tasche und zog eine Pipette hervor.

„Gut, wir sind so weit. Könnten Sie bitte die Cola für mich aufmachen?"

Dana öffnete die Cola-Büchse und gab sie ihr.

„Okay, Dana, denken Sie mal ein Wenig zurück. Erzählen Sie mir ein Ereignis aus Ihrer Kindheit, das Ihnen das Gefühl gegeben hat, schlecht und wertlos zu sein."

Dana musste nicht lange nachdenken.

„Da war diese Party, als ich in der siebten Klasse war " sagte sie, und die Erinnerung daran schien sie noch immer aufzuwühlen. „Es war das erste Mal, dass auch Jungs eingeladen waren. Wir haben Platten aufgelegt und getanzt.

Alle meine Freundinnen hatten neue Kleider für die Party bekommen. Nur in unserer Familie gab es damals für so etwas kein Geld. Mein Vater war ein starker Trinker und so war bei uns nie etwas übrig. Ich weiß noch genau, wie ich etwas abseits herumstand, während einige andere Mädchen zusammen standen und tuschelten. Ab und zu schauten sie zu mir rüber und kicherten. Ich wusste, dass sie sich über mein altes Kleid lustig machten. Ich wusste es einfach."

„Oh je," sagte die Lady sanft. „Das hat gesessen. Ich sehe, dass das einen bleibenden Eindruck bei Ihnen hinterlassen hat." Sie tauchte die Pipette in die Cola und ließ einen Tropfen der braunen Flüssigkeit in das Glas mit dem klaren Wasser fallen.

„Schauen Sie her, Dana, das Wasser in diesem Glas ist wie der klare Geist eines Kindes, der Geist, mit dem Sie geboren wurdest. Dieser Geist glaubt daran, dass alles möglich ist. Er glaubt daran, dass Sie perfekt sind, so wie Sie sind. Aber Erfahrungen wie die, die Sie gerade beschrieben haben, vergiften diesen Geist. Es ist ein Gift, das aus den Schuld- und Schamprojektionen anderer Menschen entsteht, und Sie bekommen das ab. Und Sie können sehen, wie selbst durch diesen kleinen Tropfen Cola das Wasser schon ein bisschen dunkler wird – so wenig ist nötig, um einen Geist zu vergiften.

Fällt Ihnen noch ein Beispiel ein?"

Dana dachte nach. „Na ja,... meine Geschwister haben mich früher immer damit gehänselt, dass ich zu dick sei. Es ist schon komisch: ich weiß, dass ich jetzt dick bin, aber damals war ich es nicht. Meine Geschwister waren alle jünger und ein bisschen mager, also sagte meine Mutter, ich solle nicht auf sie hören. Aber sie warf mir selber immer vorwurfsvolle Blicke zu, wenn ich mir nur ein zweites Stück Toast nahm oder etwas in der Art."

Die Taschen-Lady gab noch einen Tropfen Cola in das Wasser, das sofort etwas dunkler wurde. „Noch mehr Gift. Sehen Sie, wie diese Erfahrungen Ihr Denken geformt haben? Und was ist mit den Worten, die Ihr Ex-Mann zu Ihnen gesagt hat? Die haben offensichtlich auch eine Spur hinterlassen." Sie gab noch einen Tropfen hinzu, und dann noch einen. Das Wasser nahm langsam eine gelbbraune Färbung an.

„Das ist das, wogegen Sie jetzt angehen sollten, Dana. Sie müssen lernen, mal gründlich aufzuräumen. Ihr Geist ist mit negativen Gedanken, Selbstkritik und Zweifeln vergiftet, die aus Ihrer Vergangenheit stammen. Wir sollten Ihrem Geist wieder zu seiner ursprünglichen Klarheit verhelfen." Während sie das sagte, fing sie an, klares Wasser aus dem Krug langsam in das Glas mit der Wasser-Cola-Mischung zu gießen.

„Stellen Sie sich jetzt vor, dieses reine Wasser ist Ihre Arbeit an Ihnen selbst: wenn Sie zum Beispiel Selbsthilfebücher lesen, Motivationskassetten hören, Seminare oder Selbsthilfegruppen besuchen – was immer Ihnen am meisten hilft."

Das Glas, das in der Schüssel stand, begann überzulaufen, aber das Wasser darin war immer noch schmutzig braun, obwohl die Taschen-Lady nicht aufhörte, nachzugießen. Keine der beiden Frauen sprach ein Wort. Mittlerweile war fast die Hälfte des Wassers aus dem Krug in das Glas geflossen und die Flüssigkeit war immer noch nicht ganz klar. Erst als der Krug fast leer war, war die gelbbraune Farbe nahezu verschwunden.

„Wie Sie sehen, Dana, kann oft schon ein kleines bisschen Negativität viel Schaden anrichten. Dann braucht man mitunter viel Arbeit und viel Liebe zu sich selbst, um den Schaden wieder gut zu machen."

„Und deshalb haben Sie mir die Kassette gegeben?" wollte Dana wissen.

„Bingo! Wenn Sie bereit sind, das alte Band auszuwechseln, das sich in Ihrem Kopf abspult, dann ist meine Kassette vorerst genau das Richtige für Sie.

Auf der A-Seite ist ein Vortrag von einem Motivationstrainer, den ich sehr schätze. Er hatte großen Einfluss auf mich und ich denke, dass er Ihnen ebenfalls sehr helfen wird. Ich möchte, dass Sie sich dieses Band in der nächsten Woche täglich mindestens eine Viertelstunde lang anhören. Okay?

„Gut!"

„Auf der B-Seite ist nur Musik. Wenn Sie morgens aufstehen, möchte ich, dass Sie richtig aufstehen! Das ist eine Sammlung meiner Lieblingslieder, die mich immer wieder auf die Beine bringen und mich daran erinnern, was wirklich zählt: 'I Feel Good' von James Brown und 'R-E-S-P-E-C-T' von Aretha Franklin, 'My Way' von Old Blue Eyes' Frank Sinatra, solche Sachen. Später werden Sie wahrscheinlich Ihre eigenen Stücke aufnehmen wollen, aber Sie können sich erst mal meine ausborgen. Hören Sie sich diese Lieder morgens an, meine Liebe, und sie werden Ihnen mehr Power geben als das beste Frühstücksmüsli!"

„Tausend Dank!" sagte Dana gerührt.

„Wo wir gerade vom Frühstück reden: haben Sie eigentlich schon was gegessen?" erkundigte sich die Lady. „In dem Korb da drüben finden Sie ein paar leckere Muffins!"

„Ach, ich bin heute morgen viel zu aufgeregt, um etwas zu essen," erklärte Dana, aber kaum, dass sie das gesagt hatte, kam es ihr auch schon komisch vor. Keinen Appetit? Sie hatte immer Appetit!

„Mahlzeiten ausfallen zu lassen ist aber keine gute Idee, wenn man ein Geschäft anfangen will, meine Liebe. Sie werden viel Energie brauchen. Nehmen Sie sich ein Muffin – das ist ein Befehl!
Und hier habe ich noch etwas, das Ihnen helfen wird, jeden Tag Höchstleistungen zu vollbringen. Übrigens ein Produkt meiner Firma." Die Taschen-Lady nahm zwei Kapseln aus einer kleinen Plastikflasche und legte sie in Danas Hand. Dana war mittlerweile bereit, alles auszuprobieren, was die Lady ihr anbot.

Die Taschen-Lady nahm selbst ebenfalls zwei Kapseln und spülte sie mit einem großen Schluck Wasser runter. Dana tat es ihr nach. „Was ist da drin?" fragte sie und versuchte, so zu klingen, als ob sie sich tatsächlich für die genauen Inhaltsstoffe interessierte.

„Ehrlich gesagt weiß ich das auch nicht so genau, abgesehen davon, dass es alles Nährstoffe sind." war die Antwort. „Keine Sorge, das ist alles kerngesund. Ich kenne die Wissenschaftler, die für die Zusammenstellung verantwortlich sind, und die leisten hervorragende und anerkannte Arbeit. Ich bin keine Ernährungswissenschaftlerin und versuche auch gar nicht erst, eine zu sein. Ich weiß nur, was dieses Mittel für mich bewirkt – und auch für viele andere Menschen, die mir am Herzen liegen. Aber sie werden schon sehen. Nehmen Sie es einfach und sagen Sie mir in zwanzig Minuten Bescheid, wie Sie sich fühlen!"
Dana trank ihr Wasser aus. „Also, worum geht es bei Ihrem Geschäft eigentlich? Wie können wir damit Geld verdienen?" fragte sie.
„Ob Sie es glauben oder nicht, aber Sie haben gerade den ersten Schritt gemacht!" antwortete die Taschen-Lady und erntete, wie erwartet, einen verständnislosen Blick.
„Das erkläre ich Ihnen später. Jetzt will ich Ihnen erst mal etwas darüber erzählen, wie ich ausgerechnet bei dieser Firma gelandet bin." Dana dachte, dass es an der Zeit sein könnte, sich ein paar Notizen zu machen und beeilte sich, ihre Handtasche zu holen. In der Zwischenzeit hatte die Lady wieder einmal ihre große schwarze Tasche durchforstet und ein kleines Pferd aus Plastik her-

vorgeholt – wie man sie für Kinderbauernhöfe herstellt. Es war leuchtend grün mit einer violetten Mähne. Sie hielt es hoch, damit Dana es bewundern konnte.

„Hey," sagte Dana, „ich glaube Katie hat auch so eins zuhause!"

„Tja, was soll ich Ihnen sagen – einmal Lehrer, immer Lehrer..." Sie gab Dana das kleine Pferd.

„Mir ist seit einiger Zeit klar, dass Network-Marketing als Industriezweig absolut im Kommen ist. Wer weiß, vielleicht dauert es nicht mehr lange und selbst Ross Perot* ist dabei! Ich habe sehr schnell entdeckt, dass ich damit nicht nur mein Brot verdienen sondern es sozusagen auch selber backen kann. Mit Network-Marketing ist es selbst für eine ganz normale Hausfrau möglich geworden, von ihrem Küchentisch aus mehr zu verdienen als der Geschäftsführer einer der 500 Spitzenfirmen der Welt. Das ist mir vollkommen klar. Aber ich habe anfangs auch ein paar Fehler gemacht.

Ein paar Mal habe ich zum Beispiel die falschen Ratschläge befolgt, statt mich auf meine eigene Intuition zu verlassen. Auf diese wunderbare, heilige Energie, die wir alle in uns haben – Sie wissen, was ich meine?" Dana nickte.

„Ich sehe schon, Sie wissen Bescheid," antwortete die Taschen-Lady. „Erst nach und nach wurde mir klar, dass man einen richtigen Vierbeiner braucht, wenn man die Zielgerade als Sieger erreichen will. Ich habe zwischendurch ein paar lahme Gäule erwischt – aber ich habe nicht aufgegeben – weder den Glauben ans Network-Marketing noch an mich selbst. Sie hören ja auch nicht auf, ins Kino zu gehen, nur weil Sie mal einen Flop gesehen haben. Und würden wir die Finger von Männern lassen, nur wegen einer einzigen missratenen Verabredung?!

Ich habe also weiter gesucht, bis ich schließlich herausfand, woran man ein gutes Rennpferd erkennt. Als ich diese Firma hier kennen lernte, habe ich genau geprüft, ob sie allen meinen Kriterien entsprach – ob sie vier solide Standbeine hatte."

Die Lady hatte bemerkt, dass Dana die ganze Zeit nur das Plastikpferd im Auge hatte, während sie sprach. „Jetzt gibt es etwas aufzuschreiben, Dana. Das ist wichtig. Ich werde Ihnen jetzt nämlich verraten, was es mit den vier Standbeinen auf sich hat." Dana beeilte sich, ihren Stift zur Hand zu nehmen.

„Das erste Standbein sind die Produkte. Die Produkte sind das Allerwichtigste. Ein Produkt kann etwas Konkretes sein, etwas, das Sie in der Hand halten können, oder auch eine Dienstleistung, aber es muss einen realen Wert besitzen, den man gegen Geld aufrechnen kann. Andernfalls kann man kein Geschäft machen. Und an dieser Stelle müssen Sie gut aufpassen.

Sie brauchen ein Produkt mit Integrität – eins, das hält, was es verspricht. Wenn das Produkt den geweckten Erwartungen nicht entspricht, werden Ihre Kunden nicht wiederkommen und sie werden es auch nicht ihren Freunden weiter empfehlen. Und schlechte Nachrichten reisen schnell. Ein Produkt mit einem schlechten Ruf schädigt die Glaubwürdigkeit der ganzen Firma. Es ist besser, weniger zu versprechen und dann die Erwartungen zu übertreffen. Das ist der Schlüssel zu dauerhaftem Erfolg.

Sie sollten auch keine zweitklassigen Produkte oder Kopien anbieten. Produkte also, die denen anderer Firmen nachempfunden sind oder die man zum gleichen Preis oder sogar für weniger Geld im Laden bekommen kann. Es macht viel mehr Spaß, Weltklasse-Produkte anzubieten, die nach neusten wissenschaftlichen Erkenntnissen entwickelt wurden. Wenn Sie dabei obendrein auch noch hin und wieder die Namen bekannter und respektierter Forscher nennen können – um so besser!

Ich achte außerdem darauf, dass die Produkte aufgebraucht werden. Dann haben Sie, wenn das Produkt wirklich gut ist, nicht nur zufriedene Kunden, sondern auch solche, die immer wieder zu Ihnen kommen. Sie müssen nicht jeden Monat neue Kunden suchen."

Die Taschen-Lady erläuterte die Produkte der Firma, die sie vertrat, ein paar Minuten lang und wie sie den genannten Anforderungen entsprachen. Danach machte sie eine Pause und sah Dana an.

„Wie fühlen Sie sich jetzt?" fragte sie.

„Oh, in meinem Kopf dreht sich alles. Da gibt es noch so viel zu lernen. Und es ist wirklich aufregend!"

Die Taschen-Lady lächelte. „Nein, ich meine, wie fühlen Sie sich? Vor ungefähr dreißig Minuten haben wir unsere ‚Vitamine' eingenommen..."

Dana dachte einen Augenblick nach. Sie fühlte sich inzwischen sehr lebendig, sehr wach – fast so, als ob ein Schmutzfilm von der Windschutzscheibe ihres Bewusstseins entfernt worden wäre. Mit einem Wort: sie fühlte sich großartig!

„Hey! Ich könnte Bäume ausreißen! Ich fühle mich, als ob ich alles tun könnte, was ich will! Ich bin zwar auch schon ziemlich aufgeladen gewesen, als ich hierher kam, aber das hier ist unglaublich! Sind das wirklich nur die Vitamine?"

„Sie sagen es. Ich nenne es : die Höchstleistungs- und Superpower-Pille!"

„Toll," rief Dana. „Mensch, dieses Zeug könnte vielleicht sogar Ehen retten! Ich habe eine Freundin, die das hier wirklich gut brauchen könnte. Ich kann es kaum erwarten, ihr das zu erzählen!"

„Bingo! Haben Sie gehört, was Sie gerade gesagt haben...? Sie sagten: 'Ich kann es kaum erwarten, es ihr zu erzählen! ' Das ist der erste Schritt zu Ihrem Vermögen!"

„Ich bin nicht sicher, ob ich das verstehe...."

„Sie haben gerade etwas entdeckt, worüber Sie unbedingt sofort mit Ihrer Freundin sprechen wollen. Das hat nichts mit Verkaufen zu tun sondern damit, dass Sie etwas Wunderbares mit ihr teilen möchten – weil sie Ihre Freundin ist und weil Sie wissen, dass es ihr helfen wird. Aber stellen Sie sich vor: Sie werden dennoch Geld verdienen, und zwar immer dann, wenn Sie jemanden begeistern können. Und was glauben Sie, wird passieren, wenn Ihre Freunde es ausprobieren? Wahrscheinlich werden sie es genauso weiter erzählen wie Sie. Sehen Sie, worauf ich hinaus will?"

„Wahnsinn!" entfuhr es Dana. „Und hatten Sie nicht erwähnt, dass es auch ein Produkt zum Abnehmen gibt?"

„Nun, es gibt eins..."

„Wenn das nur halb so gut ist, wie dieses Energiezeug, dann will ich es sofort haben. Bis jetzt hat mir nichts geholfen, ich habe also nichts zu verlieren – außer meine fünfzig Pfund!"

Die Lady kramte erneut in ihrer Tasche und zog ein Foto heraus, das in einer Plastikhülle steckte. „Bei mir hat es funktioniert", sagte sie „und ich hatte davor jahrzehntelang erfolglos jede Diät ausprobiert, die es gab. – So habe ich übrigens früher ausgesehen," sagte sie und zeigte Dana den Schnappschuss.

„Sie machen sich über mich lustig!" argwöhnte Dana.

„Kein bisschen!" war die Antwort.

„Wirklich nicht???"

„Wie ich schon sagte: Produkte mit Integrität!"

Ein ahnungsvolles Grinsen breitete sich auf Danas Gesicht aus. „Ich werde reich!" Sie fing an zu lachen. „Wie wär's mit schlank und reich?" schlug die Lady vor und stimmte in das Gelächter ein.

Es dauerte nicht lange, bis sie sich wieder über das Geschäft unterhielten.

„Bevor wir über die drei anderen Standbeine des Pferdes reden," fragte Dana, „könnten Sie mir nicht verraten, wie ich diese Produkte meiner Freundin Jenna am besten erkläre? Ich möchte sie gleich heute Abend anrufen."

„Da habe ich eine noch bessere Idee", sagte die Taschen-Lady. „Haben Sie eine Telefonnummer, unter der man sie auch tagsüber erreichen kann?"

„Klar, die Nummer ihrer Arbeitsstelle."

„Wir rufen sie jetzt gleich an und ich helfe Ihnen dabei, ihr alles zu erzählen."

„Mensch! Das wäre toll! Wo ist das Telefon... Oh, da ist es ja." Dana war ganz aufgeregt, aber auch begierig darauf, ihr erstes Geschäftsgespräch zu führen. Sie war schon dabei, die Nummer zu wählen, als sie plötzlich innehielt.

„Um Himmels willen, was sag´ ich denn bloß? Ich will sicher sein, dass es auch klappt!"

Die Taschen-Lady übte ein paar einfache, kurze Sätze mit Dana ein, mit denen sie ein Gespräch beginnen konnte, das natürlich klang und in dem sie ihrer Freundin von Anfang an vermitteln konnte, wie begeistert sie von dem neuen Produkt war, das sie gerade ausprobiert hatte – und wie großartig sie sich damit fühlte. Wenn Jenna Zeit für ein kurzes Gespräch haben sollte, würde Dana ihr sagen, dass sie selbst noch nicht über alle Einzelheiten Bescheid wusste, aber ihre neue Freundin und Geschäftspartnerin gerade neben ihr saß und Fragen beantworten konnte – was ja auch der Fall war.

Dana rief ihre Freundin an, wechselte ein paar Worte mit ihr – und es funktionierte. Dana war so überzeugend, dass Jenna das Produkt testen wollte, noch bevor sie erfuhr, dass es sogar eine 30-tägige Geld-zurück-Garantie gab. Als sie darüber hinaus auch Interesse an der Diät zeigte, gab Dana der Taschen-Lady das Telefon, die sich kurz, aber freundlich vorstellte und schnurstracks anfing, ihre Geschichte zu erzählen.

„Also, Jenna, unsere Freundin Dana möchte unbedingt, dass ich Ihnen erzähle, wie ich es geschafft habe, sechzig Pfund abzunehmen..."

Innerhalb von dreißig Sekunden erfuhr Jenna, dass die mysteriöse Frau am anderen Ende der Leitung anfangs selber skeptisch, aber verzweifelt genug gewesen war, um alles auszuprobieren, dass sie voller Erstaunen und Freude über die Ergebnisse gewesen war und sich jetzt absolut großartig fühlte.

„Und Jenna, das Beste ist, dass ich dafür noch nicht mal eine Diät machen musste" säuselte die Lady.

Jenna konnte kaum glauben, was sie da hörte. Sie begann, Fragen über die Zusammensetzung des Produktes zu stellen, aber die Lady unterbrach sie sanft.

„Jenna, ich weiß nicht im Einzelnen, wie es wirkt. Das wissen die Biochemiker, die das Produkt entwickelt haben, besser. Und die müssen ziemlich genial sein. Ich weiß nur, dass es funktioniert und dass ich mich noch nie so gesund gefühlt habe. Aber Sie brauchen uns das nicht zu glauben. Es gibt eine hundertprozentige Garantie, dass Sie Ihr Geld auf Heller und Pfennig zurück bekommen, falls es nicht funktioniert. Es gibt also nichts zu verlieren, oder? Meine Freundin Tracey hat damals 20 Kilo abgenommen, und mein Nachbar Dennis, der...“

Jenna konnte es kaum erwarten, das Programm selbst auszuprobieren, nachdem sie all diese Erfolgserlebnisse vernommen hatte.

Dana versprach, die Bestellung schon am nächsten Morgen direkt bei Jenna vorbei zu bringen. Sie war begeistert: ihr erster Verkauf!

Aber halt – wie konnte sie Produkte verkaufen, wenn sie selber keine hatte? Die Taschen-Lady half ihr weiter.

„Sie haben absolut recht, Dana, wenn Sie nichts da haben, können Sie auch nichts verkaufen. Sie brauchen immer einen kleinen Vorrat, auf den Sie zurückgreifen können, wenn Ihr Unternehmen schnell expandieren soll. Aber da nun eine echte Kundin auf Sie wartet und ich habe, was Sie brauchen, helfe ich Ihnen am Anfang. Wir nehmen ein paar von meinen Produkten, um sie Ihrer Kundin zu verkaufen und teilen uns den Gewinn. Dann können Sie Ihren Anteil dazu benutzen, in einen eigenen Vorrat zu investieren. Ist das fair?“

„Das ist mehr als fair!“ Dana konnte kaum glauben, wie sehr ihre neue Mentorin sich für sie einsetzte. Bislang hatte sie immer nur Vorgesetzte gehabt, die vor allem an die Interessen der Firma dachten und daran, ihr eigenes Schäfchen ins Trockene zu bringen.

„Keine Sorge, Sie müssen sich kein riesiges Lager anlegen. Sobald Sie einem neuen Kunden die nötige Starthilfe gegeben haben, können Sie ihm zeigen, wie er selbst direkt bei der Firma bestellen kann. Sie bekommen Ihre Provision dann per Scheck von dort. Aber im Moment sollten wir uns vielleicht besser darauf konzentrieren, Ihre Taschen mit Bargeld zu füllen. Ich weiß, wie nötig Sie das haben.“

„Wenn Sie wüssten, wie sehr ich das brauchen kann...!“

„Wie sollte ich das nicht wissen?... Hey, Dana, vergessen Sie nicht, mit wem

Sie es zu tun haben! Ich bin die Frau, die an der Kasse im Supermarkt Sachen wieder zurücklegen musste, als sie die Endsumme erfuhr. Die Frau, die sich keine Vorratspackung Windeln für ihr Baby leisten konnte. Glauben Sie mir, ich weiß, wie das ist."

Die Taschen-Lady dachte in diesem Moment daran, bald einige Produkte nachzubestellen und per Express liefern zu lassen. Es sah aus, als würden Dana und sie in den nächsten Tagen einiges zu tun haben.

„Okay, beschäftigen wir uns nochmals mit den vier Beinen des Pferdes. Ich bin mir sicher, dass Sie mit dem nächsten etwas anfangen können. Es heißt Gewinnpotential."

„Das klingt ziemlich wichtig," pflichtete Dana bei. „Aber wie kann ich darüber etwas in Erfahrung bringen? Ich bin ja kein Finanzgenie. Ich bin doch schon froh, wenn meine Schecks alle gedeckt sind."

„Na gut, daran müssen Sie vielleicht noch etwas arbeiten – später. Aber mit Gewinnpotential hat das nichts zu tun," sagte die Taschen-Lady. „Was ich meine, ist ganz einfach: Können Sie mit irgend etwas Geld verdienen oder nicht? Sie könnten die besten Produkte der Welt haben – wenn kaum jemand sie braucht, wie wollen Sie dann Geld damit verdienen? Sie müssen genau wissen, wer Ihre Produkte kaufen würde, wie groß der Markt ist. Erinnern Sie sich mal daran, wie schnell Ihnen jemand eingefallen ist, der ein bisschen zusätzliche Energie gebrauchen könnte – nachdem Sie unser Produkt probiert hatten. Also, wenn das kein Markt ist...

Der zweite Aspekt des Gewinnpotentials einer Firma im Network-Marketing ist der Marketing-/Verdienstplan des Unternehmens," fuhr die Lady fort, „das heißt, wie viel Geld Sie mit was verdienen. Jede Network-Marketing-Firma hat ihren eigenen Vergütungsplan, der genau festlegt, wie viel Sie an Ihren Verkäufen verdienen und wie viel an den Verkäufen der Menschen, die Sie in das Geschäft eingeführt haben.

Was sie brauchen, ist eine Firma, die ihre Geschäftspartner dabei unterstützt, Gewinner zu sein, denn diese Firma wird Ihnen auf Jahre hinaus Ihre Provisionsschecks schicken – so Gott will. Sie brauchen eine Firma, die Ihnen bei jedem Direktverkauf einen gesunden Profit ermöglicht – das nenne ich Sofortzahlung. Aber natürlich müssen Sie auch gut an der Vertriebsstruktur verdienen können, die Sie aufbauen, denn das ist es, womit Sie Katies und Kevins College finanzieren werden. Wovon Sie Ihre Hypothekenzinsen und Ihr Auto abbezahlen, selbst wenn Sie sich dafür entscheiden, sich zur Ruhe zu setzen. Das heißt bei uns: Passives Einkommen. Es ist etwas Wunderbares!"

„Moment mal!" rief Dana ungläubig. „Soll das heißen, dass ich auch Geld verdienen kann, wenn ich gar nicht arbeite? Das klingt nun wirklich zu gut, um wahr zu sein!"

„Ich weiß," erwiderte die Taschen-Lady kopfschüttelnd „und ich habe Ihnen noch nicht einmal gesagt, wie gut. Das ist jedes Mal die einzige Barriere, die ich in diesem Geschäft überwinden muss: dass die Menschen nicht glauben können, wie viel Power dahinter steckt!

Die meisten Menschen sind darauf programmiert, ein ziemlich eingeschränktes Leben zu leben. Alles ist irgendwie begrenzt: was sie tun dürfen, wohin sie gehen können, wie viel sie essen oder trinken dürfen, wie weit sie Karriere machen können, wie viel sie verdienen dürfen.... aber in diesem Geschäft gibt es keinerlei Grenzen, was die Verdienstmöglichkeiten angeht. Und es ist immer wieder erstaunlich, wie unangenehm es manchen Menschen ist, wenn man ihnen ihre Grenzen wegnimmt!"

„Ich glaube, ich weiß, was Sie meinen," sagte Dana nachdenklich. „Als ich verheiratet war, war mein Mann sehr bestimmend. Er sagte, wie ich mich anziehen sollte, wie viel Geld ich für Lebensmittel ausgeben konnte und mit wem ich Freundschaft schließen durfte. Ich musste ihn sogar um Erlaubnis fragen, wenn ich ohne ihn irgendwo hingehen wollte. Können Sie sich das vorstellen? Aber als er mich verließ, fühlte ich mich so seltsam! Es hatte fast etwas Bedrohliches. Ich glaube, ich war nicht mehr an die Freiheit gewöhnt..."

„Oder an die Verantwortung," bemerkte die Lady. „Als Ihr Ex noch da war, konnten Sie ihm die Schuld geben für alles, was in Ihrem Leben schief lief. Freiheit bedeutet, die Verantwortung für sich selbst zu übernehmen. Und nicht jeder will das, ob Sie es glauben oder nicht."

„Ich schon!" sagte Dana bestimmt. „Keine Grenzen mehr für mich!"

„Jetzt reden Sie wie eine Gewinnerin."

Die Taschen-Lady fuhr damit fort, in groben Zügen den Marketingplan ihrer Firma zu erklären und Diagramme aufzuzeichnen, während sich Dana eifrig Notizen machte. Zuerst kam ihr das alles recht kompliziert und technisch vor, aber da die Lady Dinge einfach und klar erklären konnte, war dieses Gefühl der Fremdheit bald verflogen.

Nach einem groben Überblick erläuterte die Lady die wesentlichen Prinzipien anhand einfacher Beispiele in Dollar und Cent. Abschließend formulierte sie ein paar einfache, kurzfristig erreichbare Ziele für Dana, wobei ihr ihr pädagogisches Talent sehr zuhilfe kam.

Sie erkannte bald, dass Dana fast die Grenze ihrer Aufnahmefähigkeit für neue Informationen erreicht hatte. Und da sie schon vor langer Zeit gelernt hatte, Neulinge nicht zu überfordern, beschloss sie, die erste Lektion hiermit zu Ende zu bringen.

„Oh je, wissen Sie, wie spät es schon ist," rief sie plötzlich aus. „Um zwölf muss ich in Queens sein, Mittagessen bei meiner Tante. Wir werden morgen weiter machen.

Bis dahin gebe ich Ihnen ein paar Aufgaben mit. Nehmen Sie ein Blatt Papier und ziehen Sie eine Linie in der Mitte. Dann schreiben Sie auf der linken Seite alle Leute auf, die Sie kennen und die wir leicht mit dem Auto erreichen können. Ich wette, dass Sie dazu sogar mehr als ein Blatt brauchen werden," sagte sie. Als gute Gärtnerin säte sie immer positive Erwartungen. „Lassen Sie niemanden aus – Friseur, Briefträger, Bankangestellte – schreiben Sie einfach alle auf, die Sie vom Sehen her oder auch namentlich kennen. Auf der rechten Seite notieren Sie die Leute, die weiter weg wohnen: ehemalige Klassenkameraden, entfernte Verwandte – einfach jeden, der Ihnen einfällt. Denken Sie nicht groß drüber nach, schreiben Sie einfach alle auf, die Ihnen in den Sinn kommen. Was das soll, erkläre ich Ihnen morgen."

Sie verabredeten sich für den kommenden Tag um neun Uhr morgens.

Dana war ziemlich aufgedreht, als sie das Hotel verließ. Die Park Avenue erglühte in strahlendem Sonnenschein. Der üppige Central Park daneben gab die reinste Postkartenidylle ab. Die Forsythien schäumten in gelben Fontänen über die Gehsteige. Die Stadt sah plötzlich völlig anders aus als noch vor ein paar Tagen, als sie auf ihrer erfolglosen Jobsuche durch die trüben, verregneten Straßen irrte. Sie hatte auf einmal Lust, den ganzen Weg bis Port Authority zu Fuß zu laufen und machte sich mit leichtem, aber bestimmtem Schritt auf.

Alles war heute anders. So wie das launische Frühlingswetter die Straßen der Stadt von einem Tag auf den anderen verwandelt hatte, hatte sich auch das Klima in ihrem Kopf und in ihrem Herzen beträchtlich erwärmt.

Unterwegs fiel ihr plötzlich wieder ein, was die Taschen-Lady über das

„Auswechseln des Bandes" in ihrem Kopf gesagt hatte und es kam ihr so vor, als ob das schon geschähe. Es hatte sicherlich auch damit zu tun, dass es ein gutes Gefühl war, sich für diese neue Gelegenheit zu öffnen, die sich ihr geboten hatte.

In diesem Augenblick fiel ihr ein Buchladen auf der anderen Straßenseite auf. Ein solches Geschäft hatte sie schon seit langem nicht mehr betreten. Nun aber war es an der Zeit, ihren Geist mit positiven Dingen zu füttern, wie ihr die Taschen-Lady gesagt hatte. Also überquerte sie die Straße und trat ein. Die Second-Hand-Abteilung im hinteren Teil des Ladens zog sie an und sie begann, die Bücherstapel dort durchzusehen. Ein kleines Büchlein mit dem Titel, Der Weg zum Glück, weckte ihr Interesse. Der Einband war noch in recht gutem Zustand, und das Buch war offenbar liebevoll behandelt und oft gelesen worden. Der Autor, Bishop Fulton J. Sheen, war Dana unbekannt. Als sie darin herumblätterte, blieb sie an einer Seite hängen, die wohl schon oft aufgeschlagen worden war. Die ersten Zeilen, die dort standen, sprangen sie regelrecht an:

„Ein Jeder von uns schafft sich das eigene Wetter, bestimmt, welche Farbe sein Himmel - im Universum der Gefühle - hat , in dem er ganz alleine wohnt."

Als die Taschen-Lady am Abend nach einem sehr erfolgreichen Geschäftsessen wieder in ihr Hotelzimmer kam, blinkte die Anzeige ihres Anrufbeantworters. Dana hatte kurz nach halb acht am Abend bei ihr angerufen. Die Lady wählte ihre Nummer, noch während sie sich die Schuhe auszog.

„Na, vermissen Sie mich schon, meine Liebe?" fragte sie neckisch.

„Oh, ich bin froh, dass Sie schon zurückrufen. Ich bin total aus dem Häuschen. Ich habe mit meiner Freundin Linda gesprochen, und die fand, ich sei so aufgedreht, dass sie wissen wollte, was los ist. Also habe ich ihr etwas über diese Energie-Kapseln erzählt und sie wollte gleich wissen, wo sie die bekommen könne. Ich habe angefangen, von Ihnen und unserem gemeinsamen Geschäft zu berichten, und raten Sie mal, was..."

„Sie will mehr darüber wissen?"

„Noch viel besser! Sie möchte wissen, ob sie auch in den Verkauf einsteigen kann. Ist das nicht großartig?" Danas Stimme vibrierte vor Aufregung und ohne eine Antwort abzuwarten plapperte sie weiter: „Und dann, nur ein paar Minuten später, rief meine Freundin Susan an, die gerade mit Linda gesprochen hatte, und wollte wissen, ob sie dabei sein könnte, wenn wir Linda das Geschäft erklären! Also habe ich mir folgendes gedacht..." Dana war jetzt voll auf Erfolgskurs. „Da wir morgen ja ohnehin schon bei Jenna vorbei fahren, um ihre Bestellung auszuliefern, könnten wir uns doch auch gleich mit Linda und Susan zusammensetzen! Ist das nicht ein Wunder?! Oh bitte, sagen Sie ja!"

Zu schade, dass Dana das entzückte Lächeln am anderen Ende der Leitung nicht sehen konnte.

„Ja!" sagte die Taschen-Lady. „Und hören Sie mir jetzt gut zu, Dana. Können Sie sehen, was hier passiert? Sie haben schon die erste Welle in Bewegung gesetzt. Also sollten wir da auch richtig aufspringen. Setzen Sie sich heute Abend noch ans Telefon und sprechen Sie mit ein paar von Ihren Freunden, genauso, wie du es mit Linda und Susan getan haben. Und morgen früh machen Sie das gleiche. Wenn jemand Interesse hat, laden Sie ihn für morgen Abend zu einer Party bei Ihnen zuhause ein, auf der wir dann alles erklären können. Trommeln Sie so viele Leute zusammen, wie in Ihre Wohnung passen und ich zeige Ihnen, wie ein wirkliches Wunder aussieht!"

Wenig später verabschiedete sie sich von Dana. Als sie den Hörer aufgelegt hatte, überkam sie dieses altvertraute, zufriedene Gefühl, an dem sie sich immer wieder aufs Neue erfreuen konnte, egal wie oft sie schon neue Leute angelernt hatte.

„Jaaaaahhh," hauchte sie leise und sagte dann laut: „Ich liebe dieses Geschäft!" Und sie begann vor Freude zu tanzen.

- Kapitel 4 -

Party – oder:
Mit Spaß zum Profit

Am nächsten Vormittag verging die Zeit wie im Flug. Dana war clever und praktisch genug gewesen, um Jenna davon zu überzeugen, doch abends zu ihrer Party zu kommen, statt sich ihre Bestellung nach Hause liefern zu lassen. Sie hatte sich überlegt, dass es sinnvoll wäre, die kostbare Zeit der Taschen-Lady möglichst effektiv zu nutzen. Und deshalb dachte sie, es sei das Beste, wenn sie gleich mehrere Personen auf einmal treffen konnte. Außerdem wollte sie selbst natürlich soviel wie möglich von ihrer neuen Mentorin lernen. Zeit ist Geld, dachte sie und lachte innerlich bei diesem Gedanken.

Um zu klären, was alles für das geplante Treffen nötig war, hatte sie bereits früh morgens mit der Taschen-Lady telefoniert. Allerdings blieb nicht all zu viel zu tun. Sitzgelegenheiten gab es bei ihr zu Hause genug – aber selbst das schien nicht von all zu großer Bedeutung zu sein, wenn sie der Lady Glauben schenken wollte. Auch Fernseher und Videorecorder standen bereit für ein Videoband, das die Lady mitbringen wollte – und auch das wäre nicht zwingend notwendig gewesen. Dana befürchtete, vielleicht etwas übersehen zu haben. Es war alles viel zu einfach!

Eine halbe Stunde vor dem vereinbarten Zeitpunkt traf die Taschen-Lady ein.

„Heute können Sie sich Ihre ersten Lorbeeren verdienen. Sie werden den Grundstein zu Ihrem Imperium legen!" sagte die Lady, als Dana ihr die Tür öf-fnete. Sie stürmte herein, über der einen Schulter die große schwarze Tasche, über der anderen einen noch größeren, prall gefüllten Nylonsack – vielversprechend. Gemeinsam trugen sie den Küchentisch ins Wohnzimmer und stellten ihn in der Nähe des Fernsehers auf. Die Taschen-Lady begann, den großen, bunt gemusterten Nylonsack auszupacken und die Produkte locker und ohne große Umstände auf dem Tisch zu verteilen. Dana hatte ihre Stereoanlage aufgedreht und die Power–Song-Kassette eingelegt, die die Lady ihr gegeben hatte. Es dauerte nicht lange, bis sie beide mit den Fingern schnippten und ausgelassen im Rhythmus der Musik um den Tisch herum tanzten, während sie die Produkte weiter aufbauten. Nach ein paar Minuten war alles hergerichtet.

Dana war total aufgeregt. „Jetzt will ich aber endlich mehr über das Wunder wissen, von dem Sie gestern am Telefon gesprochen haben," sagte sie fordernd.

„Gut, dass Sie es ansprechen, meine Liebe!," antwortete die Taschen-Lady. „Heute ist Ihr Tag. Der Tag, an dem sich alles entscheidet, der Tag, an dem das Wunder geschieht. Was Sie aus diesem Tag machen, wird die Zukunft Ihre Geschäftes prägen. Sie erhalten das Rohmaterial, aus dem Sie Ihr finanzielles Schicksal schmieden werden. Die reinste Alchemie. Können Sie sich vorstellen, wovon ich spreche?"

„Nein. Noch nicht," musste Dana zugeben.

„Das Unternehmen, das Sie sich jetzt aufbauen, basiert auf einer kleinen, aber wesentlichen Idee: der Idee der Duplikation. Wenn Sie in den Genuss der Langzeiteinkünfte kommen wollen, über die wir gesprochen haben und die der eigentliche Schatz sind, das pure Gold – dann müssen Sie imstande sein, anderen beizubringen, das zu tun, was Sie tun. Und die werden wiederum andere lehren, und diese wieder andere – und immer so weiter. Aber der Knackpunkt der ganzen Geschichte ist der: Ist der 'Master* ' es wert, kopiert zu werden? Und raten Sie mal, wer dieser 'Master' ist?"

Danas Miene hellte sich auf. „Das bin ich!" Jetzt hatte sie verstanden, worum es ging.

„Bingo! Und weil Sie selbst der 'Master' sind, werden Ihre ersten 48 Stunden in diesem Geschäft das Modell ins Leben rufen, nach dem Ihre ganze Organisation sich ausrichten wird. Das muss Ihnen von Anfang an klar sein. Sie müssen verstehen, wie wichtig dabei genau dieser Moment ist. Dies ist die erste Stunde eines 48-Stunden-Plans und wenn Ihnen das noch nicht genügend Schauer über den Rücken jagt, warten Sie erst mal ab, was passiert, wenn Ihre Freundinnen hier sind. Es ist pure Magie, das kann ich Ihnen versprechen."

Genau in diesem Augenblick klingelte es. Dana sprang auf und rannte an die Tür. Binnen kurzer Zeit hatten sich fünf ihrer Freundinnen im Wohnzimmer versammelt, schwatzten und lachten. Dana wurde jedoch immer unruhiger. Sie ging in die Küche, um der Taschen-Lady ihr Herz auszuschütten. „Ich bin total enttäuscht! Zwei meiner Freundinnen sind nicht gekommen. Sherry hat gerade angerufen und mit einer ziemlich dummen Begründung abgesagt. Und ich habe nicht die geringste Ahnung, wo Lisa steckt."

„Immer mit der Ruhe, Dana," entgegnete die Taschen-Lady. „Es hat überhaupt keinen Sinn, sich Gedanken darüber zu machen, wer nicht da ist – kümmern Sie sich um die, die gekommen sind! Sie sind drauf und dran, jeder von ihnen eines der größten Geschenke ihres Lebens zu machen.

Und jetzt bin ich an der Reihe. Showtime!"

Jetzt kam der Teil des Geschäfts, den die Taschen-Lady ganz besonders liebte, nämlich neue Menschen kennen zu lernen. Davon konnte sie nie genug bekommen. Sie war eine Person, die immer schon gern mit Menschen zu tun hatte und die Rolle der Entertainerin war ihr auf den Leib geschrieben. Dana stellte ihr ihre Freundinnen vor und die Lady wechselte mit jeder ein paar kurze, aber freundliche Worte. Dann ging sie mühelos zu ihrer Präsentation über.

„Ich freue mich sehr, Sie alle hier heute Abend zu treffen und bin dankbar für diese Gelegenheit, Ihnen etwas vorzustellen, das mein Leben absolut verändert hat.

Ich habe nämlich nicht immer so ausgesehen wie heute. Vor einigen wenigen Jahren wog ich über 250 Pfund – und hatte 250.000 Dollar Schulden," sagte sie mit einem schelmischen Grinsen.

„So ein Zufall – tausend Dollar Miese pro Pfund!....

Aber Spaß beiseite: ich war zu dieser Zeit ziemlich verzweifelt. Und das ist wiederum das fast Unglaubliche an meiner Geschichte: Dass ich nicht einfach bei Null angefangen habe, sondern noch weit darunter, im allertiefsten Minus...," und schon war die Lady mitten in ihrer Erfolgsstory, der selben, die sie auch Dana schon im Taxi erzählt hatte. Sie war es nie leid, diese Geschichte zu erzählen, denn es war ihre Geschichte und ihre Wahrheit. Und sie enthielt eine sehr wirksame Botschaft.

Als sie fertig war, bat sie Dana, etwas über ihre noch frischen Erfahrungen mit den Produkten ihrer Firma zu berichten. Anschließend sprach sie ein paar einführende Worte zu dem kurzen Video, mit dem sie nun zeigen wollte, dass gerade für viele Menschen im ganzen Land ein Traum in Erfüllung ging. Dana ging lächelnd zum Recorder hinüber und mit einer schwungvollen Geste startete sie das Band.

Das Video enthielt einige grundlegende Informationen über die Firma und dutzende kleiner bewegender Geschichten von anscheinend ganz normalen Leuten, die mit den Produkten außergewöhnliche Erfahrungen gemacht hatten. Viele dieser Menschen berichteten, wie sich ihnen dank ihrer Begeisterung für die Produkte ein großartiges Geschäft eröffnet hatte und wie sich dadurch ihr Leben grundlegend verändert hatte.

Am Ende der Vorführung waren Danas Freundinnen fast alle sichtlich angetan. Eine saß allerdings nach wie vor mit verschränkten Armen und einem verschlossenen Gesichtsausdruck da. Die Taschen-Lady hatte sehr wohl bemerkt, dass sie schon mit dieser abweisenden Haltung gekommen war und sich von vornherein den Platz ausgesucht hatte, der am nächsten zur Tür lag. Sie wandte sich deshalb erst einmal den anderen anwesenden Frauen zu.

„Wie Sie sehen, erfüllen die Produkte ihren Zweck. Und nicht nur das: für jedes gibt es eine hundertprozentige Rückzahlungsgarantie für den Fall, dass sie das nicht tun. Produkte mit solch einem hohen Wirkungsgrad bieten darüber hinaus natürlich auch eine erstklassige Geschäftsmöglichkeit für jeden, der richtig Geld verdienen möchte.

Ich frage Sie deshalb: Wer von Ihnen würde gerne die Gelegenheit wahrnehmen, die Produkte für sich auszuprobieren und wer ist außerdem daran interessiert, sich auf einen vielversprechenden Weg zu Wohlstand und finanzieller Freiheit zu begeben?"

Einen kurzen Augenblick war es sehr still im Raum, aber die Taschen-Lady musste nicht lange auf Antworten warten. Susan wollte unbedingt herausfinden, ob ihr diese Produkte beim Abnehmen helfen konnten. Linda dagegen interessierte sich ganz klar fürs Geschäft. Und Jenna, die eigentlich gekommen war, um sich ihre Probepackung abzuholen, wollte dann doch gleich das ganze Programm – nach alledem, was sie soeben gehört und gesehen hatte. Alle drei waren jetzt viel lebhafter als zu Beginn der Veranstaltung, was die Taschen-Lady auf die Ausstrahlung ihrer Produkte zurückführte.

Sie bat Linda, noch einen Augenblick zu warten, während sie Susan und Jenna half, ihre Bestellformulare auszufüllen. Sie stellte ihnen einige Fragen, damit sie für jede das richtige Programm zusammenstellen konnte. Zwischendurch plauderte sie fröhlich und angeregt mit den beiden Frauen: „Wissen Sie, Dana und ich sind glücklich über die Entscheidung, die Sie heute getroffen haben. Wenn Sie erst einmal gesehen haben, wie gut es funktioniert, werden wir Ihnen als nächstes zeigen, wie Sie Ihre Produkte umsonst bekommen und nach und nach sogar noch zusätzlich Geld damit verdienen können. Und nach einer Weile, vorausgesetzt, dass es Sie interessiert, können wir Ihnen dann auch zeigen, wie man mit diesen Produkten richtig Geld verdient – das können 500 Dollar im Monat sein oder auch 5000, wie bei mir. Natürlich nur, wenn Sie das wirklich wollen. Ansonsten müssen Sie mir versprechen, dass Sie allen Ihren Freunden und Bekannten erzählen, was es mit diesen Produkten auf sich hat – und ich garantiere Ihnen, dass sie von selbst danach fragen werden. Und dann schicken Sie sie alle zu Dana, denn unser Geschäft basiert ausschließlich auf persönlichen Empfehlungen. Abgemacht?"

„Also, das können Sie mir glauben," erwiderte Jenna, „wenn mir das hier tatsächlich beim Abnehmen helfen sollte – nach allem, was ich bisher versucht habe – dann wird sich sogar mein Mann dafür begeistern, und der ist einer der größten Skeptiker, den man sich vorstellen kann."

„Das ist genau das, worum es jetzt geht – dass Sie vorzeigbare Ergebnisse erzielen. Aber ich muss Sie warnen," sagte die Taschen-Lady mit einem Augenzwinkern. „Haben Sie jemals von dem berühmten Klopnick-Diamanten gehört? Diesem spektakulären Zehnkaräter, an dem angeblich ein Fluch haftete? Der Fluch war Mr. Klopnick selbst! Dieses Programm ist genauso. Nur, dass nicht ein Fluch daran hängt, sondern ein Coach, den Sie nicht mehr los werden. Und dieser Coach bin ich.

Ich werde Sie in diesem Programm begleiten, so lange, bis die Pfunde anfangen zu purzeln. Das Einzige, was ich dazu jetzt noch brauche, sind Ihre Telefonnummern und die Zeiten, zu denen ich Sie am besten erreichen kann."
Die beiden Frauen waren sofort mit allem einverstanden.

Jetzt wandte sich die Taschen-Lady an Linda, die zusammen mit ihrer Freundin Eve zur Party gekommen war. „Also, Linda: haben Sie uns beide heute Abend irgendetwas tun sehen, was Sie nicht problemlos auch selbst tun könnten?" fragte sie.

„Das nicht. Aber es wird ja wohl nicht ganz so einfach sein, oder?" antwortete Linda.

„Eigentlich ist das, was wir hier machen, ein ziemlich einfaches Geschäft. Es gibt allerdings viele verschiedene Möglichkeiten, es zu betreiben. Das hängt auch ein wenig von Ihrem persönlichen Stil ab. Die Firma jedenfalls stellt Ihnen einiges an Hilfsmitteln zur Verfügung, was Ihnen die Arbeit enorm erleichtert. Es gibt nur zwei Dinge, über die Sie sich Gedanken machen müssen. Erstens, was soll am Ende für Sie dabei herauskommen? Und zweitens, wie viel Zeit können Sie investieren. Was denken Sie?"

Linda zögerte einen Moment. „Also, ich weiß nicht, wie realistisch das ist. Aber Tatsache ist, dass ich meinen Job hasse. Mein Chef ist total borniert, die Arbeit ist langweilig und ich sehe dort keine Zukunft für mich. Ich meine, am liebsten würde ich alles sausen lassen, wie es meine Schwester und ihr Mann gemacht haben. Die haben inzwischen ihr eigenes Geschäft, arbeiten von zu Hause aus und niemand kann ihnen mehr reinreden. Das finde ich schon ziemlich attraktiv. Genau genommen sehne ich mich schon seit langer Zeit danach, mein eigenes Ding zu machen, aber bislang fehlte mir dazu immer das nötige Startkapital. Glauben sie wirklich, dass es mit Ihrer Methode möglich wäre?"

„Das hängt ganz von Ihnen ab, meine Liebe. Ich habe schon einige Leute ausgebildet, die inzwischen sehr, sehr gut von diesem Geschäft leben können. Andere in meiner Organisation wiederum ziehen es vor, nur auf Teilzeitbasis zu arbeiten, um sich ein hübsches Nebeneinkommen zu verdienen oder sich eine langfristige Einkommensquelle für die Zukunft aufzubauen. Das ist immer eine ganz individuelle Entscheidung."

„Was ich von Ihnen wissen muss, ist das Gleiche, wonach ich gestern auch schon Dana gefragt habe: Erstens: sind Sie bereit, etwas zu lernen? Und zweitens, welche Verpflichtung sind Sie bereit, sich selbst gegenüber einzugehen?"

„Ich weiß, dass ich auf beides positiv antworten würde. Ich würde aber vorher gerne mit meinem Mann darüber sprechen. Es ist mir wichtig, dass er mich bei meiner Entscheidung unterstützt," sagte Linda.

„Das ist eine gute Idee," versicherte die Lady. „Wir können morgen weiter reden, wenn Sie genug Zeit hatten, sich alles noch einmal gründlich und in Ruhe zu überlegen."

„Bis dahin," sagte Linda daraufhin, „würde ich aber gerne schon mal ein paar von den Produkte ausprobieren, über die Sie gesprochen haben. Und können Sie mir noch etwas mehr zu den Vitaminen sagen? Ich würde nämlich gerne für meine Mutter und meine Schwester welche mitnehmen – und für die Kinder natürlich. Ich denke, die könnten das gut gebrauchen – oder? Und wie war das noch mal mit dem Pulver, das gegen Schlafstörungen helfen soll?"

Am Ende des Gesprächs hatte Linda schließlich eine Bestellung im Wert von mehr als hundert Dollar aufgegeben. Eve hatte sich erst einmal nur ein paar Proben geben lassen.

„Hören Sie zu, Linda, unabhängig davon, ob Sie ins Geschäft einsteigen oder nicht, sollten Sie sich schon mal als Vorzugskundin registrieren zu lassen, damit Sie einen Rabatt auf all diese Sachen bekommen. Damit kommen Sie viel besser weg," riet ihr die Taschen-Lady. Damit war Linda einverstanden. Und kaum, dass sie ihre Anmeldung ausgefüllt und die Produkte bezahlt hatte, wandte sich die Lady auch schon an Dana und gab ihr ein paar Scheine.

„Hier, Dana, das ist Ihr Gewinnanteil für den heutigen Tag: 80 Dollar!" Man konnte kaum sagen, wessen Augen größer wurden: die von Dana oder die von Linda...

„Ich habe mir gerade etwas überlegt," kam es Linda in den Sinn. „Wie wäre es, wenn ich auch ein paar Leute zu mir nach Hause einladen würde, genau so, wie Sie zwei das heute Abend gemacht haben? Könnte ich mir da nicht ebenso leicht ein paar Dollar verdienen? Meinen Mann könnte ich bestimmt leichter von diesem Geschäft überzeugen, wenn er gleich mitbekäme, wie Sie mir das erste Geld überreichen – genauso wie eben Dana."

„Jetzt denken Sie schon wie eine Gewinnerin!" sagte die Lady anerkennend. „Morgen Abend habe ich noch nichts vor. Können Sie bis dahin etwas arrangieren?"

„Das werde ich versuchen," antwortete Linda.

„Und hier kommt Lektion Nummer eins: Vergessen Sie das Wort, das Sie da eben gesagt haben. Streichen Sie es aus Ihrem Vokabular, ersatzlos. Hier," sagte die Taschen-Lady zu Linda und legte ihren Mont Blanc Füllfederhalter auf den Esstisch. „Jetzt versuchen Sie mal, diesen Füller aufzuheben." Linda sah sie mit großen Augen an. „Na los, versuchen Sie es." Da begann Linda, zu lächeln. „Aaaah – Sie haben verstanden," lächelte die Taschen-Lady zurück. „So etwas wie 'versuchen' gibt es nicht, Linda. Haben Sie jemals Star Wars gesehen? Erinnern Sie sich an Yoda, den Jedi-Meister? Der sagte zu Luke Skywalker: 'Tu es oder tu es nicht, Luke. Versuche gibt's nicht!'

Also: tun Sie es oder tun Sie es nicht! Können Sie es für morgen Abend arrangieren?"

„Okay. Ich tu es!" sagte Linda diesmal bestimmt.

Mit einem breiten Lächeln, ihre Einkäufe unterm Arm, stürzte Linda hinaus. Auch Dana grinste übers ganze Gesicht. 'Was für ein Leben,' dachte die Taschen-Lady. 'Dabei helfen zu können, dass es Menschen gut geht. Dass sie sich ihre Träume erfüllen können.'

„Ich liebe dieses Geschäft," verkündete sie lauthals und führte ihr kleines Freudentänzchen auf – mitten in Danas Küche.

Dann sprachen beide noch etwa eine halbe Stunde lang über ihr Geschäft. Die Taschen-Lady machte mit ihren Erklärungen dort weiter, wo sie am Vortag aufgehört hatte. Das dritte Bein des Rennpferdes war an der Reihe und die Gelegenheit schien passend. Das dritte Bein hieß: Führungskraft.

„Es ist sehr wichtig, Geschäftsleiter zu haben, die genau wissen, wie man eine hervorragende Network-Marketing-Firma aufbaut und wie man die Geschäftspartner bei ihrem Erfolg unterstützt. Es kommt überhaupt nicht darauf an, ob sie Sportskanonen, erfolgreiche Manager oder sogar renommierte Wissenschaftler sind – was zählt ist nur, ob sie verstanden haben, was Network-Marketing ist. Oder, um mal Klartext zu reden: Cher mag ja wissen, wie man zu einem Super-Busen kommt, aber ich bin mir nicht so sicher, ob ich sie meine Firma managen lassen würde!

Worauf es bei Führungskräften außerdem ankommt, sind absolute Korrektheit und Unbestechlichkeit," fuhr die Lady fort.

„Ihre Firma muss einer gesetzlichen Überprüfung jederzeit und zu hundert Prozent standhalten können. Nur so ist garantiert, dass sie für lange Zeit Bestand hat. Wenn die Führungskräfte integer sind, wird es auch die Firma sein – und umgekehrt," fügte sie hinzu.

„Das vierte Standbein schließlich ist die Unterstützung. Je besser das System ist, das das gewährleistet, desto einfacher ist es für uns, unser Geschäft aufzubauen. Denn je mehr Arbeit Ihnen die Firma abnimmt, desto mehr Zeit haben Sie, um Produkte zu verkaufen und neue Mitarbeiter anzuwerben und auszubilden. Wie wichtig das ist, werden Sie in den nächsten Wochen unserer gemeinsamen Zusammenarbeit sehen."

„Das leuchtet mir durchaus ein. Wahrscheinlich ist es genauso, wie wenn man sich eine Haushälterin nimmt, damit Mammi eben mehr Mammi sein kann, stimmt's?" fragte Dana.

„Genau. Wie weit sind Sie übrigens mit Ihren Hausaufgaben, der Liste mit den Namen all der Leute, die Sie kennen?"

Dana zog ein liniertes Blatt Papier aus der Küchenschublade. „Das ist das, was ich bis jetzt geschafft habe. Ich fürchte fast, ich kenne nicht so viele Leute."
Auf der linken Seite des Blattes standen ungefähr zwanzig, auf der anderen gerade mal sechs Namen. „Das ist schon ganz okay für heute und um überhaupt anzufangen, aber ich bin mir sicher, dass Sie noch sehr viel mehr Leute kennen, die Ihnen bloß im Moment nicht einfallen. Wissen Sie, dass fast jeder ungefähr dreihundert Menschen namentlich kennt?"
„Ich weiß nicht, ob ich das glauben kann," sagte Dana skeptisch.
„Heben Sie nicht zum Beispiel Ihre Weihnachtskarten auf?" fragte die Taschen-Lady. „Wahrscheinlich alle, die ich jemals bekommen habe!"
„Das dachte ich mir schon. Jetzt ist ein guter Zeitpunkt, sie mal aus der Schublade zu holen. Was ist mit den Jahrbüchern Ihrer Schule? Haben Sie die noch?" Dana nickte.
„Und schauen Sie sich auch mal die gelben Seiten an. Gehen Sie alle Rubriken durch – Architekten, Anwälte, Bäcker, Metzger. Fragen Sie sich, wen Sie in diesen Branchen kennen. Wer ist Ihre liebste Reinmachefrau? Wem gehört der Lebensmittelladen um die Ecke? Und so weiter. Das können Sie sogar heute Abend schon machen.
Jetzt gehen wir aber erst mal die Liste durch, die wir schon haben."
Die Taschen-Lady schlug ihr eine kurze Einleitung vor, mit der sie ein Telefongespräch beginnen konnte und Dana rief nacheinander alle Personen an, die auf der linken Seite der Liste standen, um sie anschließend an die Lady weiterzureichen. Die erklärte dann kurz, warum sie angerufen hatten: Dass Dana und sie seit kurzem Geschäftspartner seien, die eine revolutionäre neue Produktlinie von Nahrungsmittelergänzungen in dieser Gegend einführen wollten. Sie beschrieb in Kurzform die Eigenschaften dieser Produkte und was sie bewirkten, wobei sie immer wieder auch ihre eigenen Erfahrungen mit einwob.
Sie bat höflich um einen Termin für ein weiteres, ausführlicheres Telefongespräch und ob der Betreffende sich mal die Website der Firma ansehen und seine Meinung dazu abgeben wollte. Als sie am Ende der Liste angelangt waren, hatten sie nur sechs Personen direkt erreicht und bei den übrigen eine Nachricht auf dem Anrufbeantworter hinterlassen.
Von den sechs Leuten, mit denen sie tatsächlich gesprochen hatten, waren vier

bereit, sich noch am gleichen Abend ein zweites Mal anrufen zu lassen und sie machten mit jedem von ihnen eine feste Zeit ab. Mit den anderen beiden konnten sie Termine im Lauf der Woche vereinbaren. Dann nahmen sie die andere Hälfte der Liste in Angriff. Sie erreichten zwei Personen, denen sie auf ähnliche Weise schmackhaft machten, sich einmal das Promotion-Video ihrer Firma anzusehen. Beide waren dazu bereit und die Taschen-Lady versprach, ihnen das Band schon am nächsten Tag per Eilpost zukommen zu lassen. Alle beide waren auch an den Warenmustern interessiert, die sie den Päckchen beilegen würden.

„Okay, Dana, ich glaube, das war schon ein ziemlich produktiver Tag heute. Zeit für die Abrechnung." Die Taschen-Lady holte ein Blatt Papier hervor, auf dem in einem Raster aus horizontalen Linien Worte standen wie: „Präsentationen" und „Verkaufsparties," während die senkrechten Spalten oben mit dem jeweiligen Wochentag versehen waren.

„Hier können Sie jetzt Ihre Ergebnisse und Bewertungen eintragen. Wenn Sie jeden Tag außer den aktuellen Zahlen auch eine Bewertung eintragen, wie Sie im Vergleich mit dem vorherigen Tag abgeschnitten haben, bekommen Sie eine ziemlich gute Momentaufnahme vom aktuellen Stand der Dinge in Ihrem Geschäft." Die Taschen-Lady half Dana dabei, ihre Zahlen einzutragen.

„Und noch ist der Tag ja nicht zu Ende," fügte Dana stolz hinzu, als sie damit fertig waren. „Ich mag Ihre Art, zu denken, meine Liebe," pflichtete die Taschen-Lady ihr bei.

„Ich habe heute noch ein paar andere Termine und Katie kommt demnächst aus der Schule nach Hause. Wie wär's, wenn wir uns für heute Abend um sechs Uhr verabreden würden, um die Treffen, die wir geplant haben, ein wenig vorzubereiten?"

„Wissen Sie, was Sie den Leuten sagen, die vielleicht noch bei Ihnen anrufen, weil sie unsere Nachricht auf ihrem Anrufbeantworter gefunden haben?" fragte die Taschen-Lady.

„Ich... glaube schon," sagte Dana ein wenig unsicher.

„Also, ich schlage vor, dass Sie selbst entscheiden, wie Sie verfahren wollen. Wenn Sie das Gefühl haben, selbst mit dem Anrufer reden zu können, dann tun Sie es. Wenn Sie Hilfe brauchen, fragen Sie ihn, wann es am besten wäre, ihn noch mal anzurufen und wir machen das dann später zusammen. Einverstanden?"

Danas Augen leuchteten. Es gab ihr sehr viel mehr Selbstvertrauen, zu wissen, dass sie eine Freundin um sich hatte, die ihr den Rücken stärkte. „Ja, einverstanden," sagte sie.

„Ich glaube, damit kann ich Sie jetzt alleine lassen. Vielleicht hilft es Ihnen ja, wenn Sie sich ab und zu daran erinnern, worum es bei all dem eigentlich geht."
Die Taschen-Lady zog wieder mal was aus ihrer Tasche hervor und gab es Dana. Es war ein kleiner Handspaten, wie ihn Gärtner benutzen, um die Erde in einem Blumentopf aufzulockern.

„Es gibt ein altes Sprichwort, Dana: 'Man kann zählen, wie viele Kerne im Apfelgehäuse stecken, aber man weiß nie, wie viel Äpfel in einem Kern stecken.' Stellen Sie sich unser Geschäft wie das Säen vor. Genau das haben wir nämlich heute getan. Wenn nur ein paar dieser Samen aufgehen und Wurzeln schlagen, können sie zu stattlichen Bäumen heranwachsen, die sich von alleine vermehren. Unsere Aufgabe ist es, die Saat zu hegen und zu pflegen; sie zu wässern, für guten Nährboden zu sorgen und ihr jede Unterstützung zu geben – aber dabei nicht zu vergessen, dass sie eine eigene innere Kraft hat. Und wenn sie soweit ist, wird sie von selber wissen, wie sie sich vermehren kann."

„Wissen sie," dachte Dana laut, „selbst mein Ex-Mann konnte nicht bestreiten, dass ich einen grünen Daumen habe. Vielleicht ist der ja auch in diesem Business hilfreich."
Die Taschen-Lady sprach weiter: „Manchmal sehe ich Leute, die dieses Geschäft betreiben, als seien sie Jäger auf der Pirsch. Das macht mich traurig, weil ich weiß, dass das keinen Bestand hat. Ein Jäger mag zwar an einem Tag eine Menge Beute machen, aber am nächsten Tag ist er schon wieder auf einer anderen Safari. Der Fang des Vortages wird in der Zwischenzeit irgendwo gelagert, eingefroren oder an die Wand gehängt – und ist tot. Daraus kann nichts mehr wachsen.

Also, Sie wissen, was Sie zu tun haben: Hören Sie niemals auf zu säen. Und wenn dann das erste zarte Grün aus der Erde schaut – fangen Sie an, zu arbeiten!"
Genau in dem Moment, als die Taschen-Lady gehen wollte, kam Katie aufgeregt herein gestürmt. Sie war noch ziemlich aufgedreht von ihrem Schultag. Dana sinnierte kurz darüber, wie wunderbar es war, dass Kinder so gerne lernten. Sie saugen jede neue Erfahrung auf wie kleine Schwämme. Und es war traurig zu sehen, wie die meisten Leute sich ab einem bestimmten Alter verschlossen und

anfingen, das Lernen als Arbeit anzusehen.

Dana verabschiedete sich von der Taschen-Lady und wandte sich Katie zu, als sie gegangen war. „Hast du einen schönen Tag gehabt, meine Süße?" fragte sie. Katie war schon dabei, ihr neustes Meisterwerk auszupacken. Voller Stolz streckte sie es ihrer Mutter entgegen, damit sie es bestaunen konnte.

„Guck, Mammi, wir haben Masken gemacht in der Schule, wie in Afrika!" Die Maske bestand aus einem oval geschnittenen Stück Wellpappe mit Löchern für die Augen. Katie hatte mit Lebensmittelfarbe gefärbte Bohnen, Getreidekörner, verschiedenste Samen und Gräser darauf geklebt; alles sehr wild und bunt.

Angemessen feierlich befestigte Dana die Maske mit ein paar kleinen Magneten am Kühlschrank.

„Mammi, darf ich das Care Bears Video beim Essen angucken?"

„Na klar, Liebes. Aber nicht das ganze, nur ein Stück, okay?" Sie öffnete den Fernsehschrank und suchte die Kassette. Wie immer lagen sie durcheinander und sie musste bei jeder einzelnen auf das Etikett schauen. Katie kniete mittlerweile neben ihr auf dem Boden.

„Wofür ist das, Mammi?" Dana sah zu Katie hinüber, die den kleinen Spaten entdeckt hatte, den die Taschen-Lady dagelassen hatte.

„Das ist Gartenwerkzeug, Katie. Damit kannst du die Erde umgraben, wenn du etwas pflanzen möchtest."

„Bekommen wir jetzt einen Garten? Können wir da Blumen pflanzen?"

Dana sah ihre Tochter mit einem Lächeln an.

„Ich habe schon eine Blume in meinem Garten, Kleines. Du bist meine makellose, kleine Blume." Und sie fing an, Katie zu knuddeln, die so tat, als würde sie sich gegen den Riesenschmatz wehren, den ihre Mutter ihr auf die Stirn drückte. Als sie sich ein Wenig balgten, fiel eine der Videokassetten aus dem Schrank und landete direkt neben Dana auf dem Boden. Sie hob sie auf und sah auf das Etikett.

Da stand:

„Das Feld der Träume"

- Kapitel 5 -

Manche wollen, manche nicht

Als das Telefon läutete, rührte Dana gerade Hamburger-Gewürzmischung an. Sie drehte das Gas unter der Pfanne runter, sprang los und hob beim dritten Klingeln ab. Lonnie Andrews war am Apparat, eine ehemalige Nachbarin aus der Zeit, als sie noch verheiratet war. Lonnie stand auf Danas Liste und hatte ihre Nachricht auf dem Anrufbeantworter vorgefunden.

„Hallo Dana, ich habe ja ewig nichts von dir gehört! Was gibt's Neues bei dir? Und wie geht's den Kindern?"

Dana freute sich ehrlich, die Stimme der alten Freundin zu hören. „Den Kindern geht's großartig, Lonnie. Und deinen? Stephie muss doch inzwischen in der dritten Klasse sein, stimmt's?" „Gutes Gedächtnis! Ihr geht's prächtig. Und weißt du schon das Neueste?"

Lonnie konnte es kaum erwarten, Dana mitzuteilen, dass sie schon wieder schwanger war.

Sie redeten eine Weile darüber, was sich in der Zwischenzeit alles bei ihnen getan hatte. Dana wartete währenddessen ungeduldig auf einen günstigen Augenblick, um auf den Grund ihres Anrufs zu sprechen zu kommen. Sie hatte fast vergessen, wie sehr sie Lonnie wirklich mochte und konnte es deshalb kaum abwarten, ihr die neuesten Entwicklungen mitzuteilen.

„Lonnie, bei mir gibt es auch etwas Neues. Das ist der Grund, weshalb ich angerufen habe. Bist du bereit?"

„Lass mich raten. Du hast einen neuen Freund! Du wirst heiraten! Oder...?"

„Daneben. Nichts davon. Ich bin jetzt eine Geschäfts-Frau."

„Nein, wirklich? Das ist ja toll, Dana, erzähl! Worum geht's dabei?"

Und Dana legte los. Sie erklärte kurz, worum es sich handelte, genau so, wie sie es mit der Taschen-Lady eingeübt hatte. Sie fragte Lonnie, ob sie am Abend Zeit und Lust hätte, sich das Video anzuschauen und Lonnie war sofort dabei. Sie trafen eine Verabredung. Es lief perfekt. Sie hätte es der Taschen-Lady am liebsten sofort erzählt.

„Jaaah!" sagte sie, als sie zum Herd zurückging. Sie drehte die Flamme wieder auf und hob den Deckel. Und während sie in der Pfanne rührte, ertappte sie sich dabei, wie sie einen kleinen Tanz aufführte wie die Taschen-Lady.

Katie war mit dem Abendbrot fertig und Dana hob Kevin gerade aus seinem hohen Kinderstuhl, als das Telefon erneut klingelte. Diesmal war Dana voller Selbstvertrauen, als sie den Hörer abnahm.

„Dana, ich bin's. Ich hatte deine Nachricht auf dem Band. Was gibt's?"

Das war Aaron, ihr Bruder. Leichtes Stück Arbeit, dachte sie und fing an, ihr Programm abzuspulen. Doch diesmal verlief das Gespräch von Anfang an nicht nach Plan.

„Schau mal, Dana, ich verstehe nicht, wie du gerade jetzt so ein albernes Geschäft anfangen kannst. Wenn ich jemanden kenne, der noch mehr pleite ist als ich, dann bist du das. Und was verstehst du überhaupt von Geschäften? Du brauchst einen Job, Schwesterchen, begreifst du das nicht?"

„Und woher soll ich den nehmen, Aaron? Ich habe es in der ganzen Stadt versucht!" Dana fühlte, wie sich ihre Kehle verschnürte. Das war nicht, worüber sie mit Aaron sprechen wollte. Sie rang darum, die Fassung wiederzugewinnen.

„Aaron, hör zu, das hier ist besser als ein Job. Das ist eine Zukunft. Ich bin mein eigener Chef, ich arbeite von zu Hause aus und ich kann mit meinen Kindern zusammen sein! Ich weiß, dass ich das hinkriege! Es gibt eine wunderbare Frau, die mich ausbildet, und sie ist Millionärin, Aaron! Sie bringt mir bei, genau das zu tun, womit sie Erfolg gehabt hat."

„Das sind große Töne, Dana! Erzähl mir doch nicht, dass du das für bare Münze nimmst! Du glaubst wohl jeden Unsinn, den sie dir aufschwatzt. Und hör mal, selbst wenn sie wüsste, wie man auf diese Art Geld macht, warum sollte sie es dir erzählen? Da müsste sie ja verrückt sein!"

Dana fühlte ein vertrautes Brennen in den Augen. Sie war wieder das 13-jährige Mädchen, das sich anhören musste, wie ihr großer Bruder ihr ihre neuste Herzensangelegenheit mies machte. Sie fühlte sich dumm und frustriert. Sie schwieg eine Weile, während sie um die richtigen Worte kämpfte.

Aaron fuhr in gönnerhaftem Ton fort: „Schau Dana, ich will nicht derjenige sein, der dir in die Suppe spuckt, aber seien wir mal realistisch. Klingt das alles nicht ein bisschen zu gut, um wahr zu sein? Ich bin selber oft genug in windige Geschäfte verwickelt gewesen, um noch auf so etwas hereinzufallen. Und ich versuche doch nur, auf meine kleine Schwester aufzupassen, das weißt du doch."

Dana fand endlich ihre Stimme wieder.

„Weißt du, Aaron, als ich mir überlegt habe, in dieses Geschäft einzusteigen, warst du der Erste, den ich mir als Partner vorstellen konnte. Ich dachte, wir könnten zusammen ein Familienunternehmen aufziehen, so wie wir uns das schon als Kinder ausgemalt haben. So wie die Daluccis unten in der Straße, erinnerst du dich? Aber ich schätze, das war ein Fehler. Partner müssen einander vertrauen und sich gegenseitig respektieren. Offensichtlich vertraust du mir nicht und respek-tierst mich auch nicht. Nun, ich glaube, da haben wir nichts mehr miteinander zu besprechen." Wütend und verletzt warf sie den Hörer auf die Gabel.

Ihre Lippen zitterten und sie war den Tränen nahe. Wie konnte ihr eigener Bruder nur so ein Idiot sein! Der einzige Mensch, von dem sie glaubte, immer mit seiner Unterstützung rechnen zu können. Der Kerl, dem sie im Laufe der Jahre aus einem Schlamassel nach dem anderen geholfen hatte und der ihr selbst jetzt noch 200 Dollar schuldete! Wie konnte er nur so herablassend sein?

Es klingelte. Sie sah auf die Uhr: Das musste die Taschen-Lady sein. Verdammt! Sie wollte nicht, dass jemand sie in diesem Zustand sah, erst recht nicht ihre neue Freundin. Sie rieb sich die Augen, um die Tränen zurückzudrängen, lief quer durch die Wohnung zur Tür und warf im Vorbeigehen einen Blick in den Spiegel im Flur, um zu prüfen, ob ihr Make-up verschmiert war. Aber als sie der Taschen-Lady die Tür öffnete, konnte Danas schwaches Lächeln sie nicht eine Sekunde täuschen.

„Lassen Sie mich raten, Schätzchen," sagte die Taschen-Lady, als sie herein-kam. „Ich würde sagen, Sie hatten gerade eine unheimliche Begegnung der schrecklichen Art. Nun, wer war der Räuber Ihrer Träume?" Dana seufzte und wurde weich. Es wäre aussichtslos gewesen, jetzt noch die Tränen zurückhalten zu wollen.

„Hier," sagte die Lady und reichte ihr ein Taschentuch. „Können wir reden?"

Die Worte sprudelten nur so aus ihr heraus, wie ein Wasserfall. Aus Danas 5-Minuten-Gespräch mit ihrem Bruder – das nun hoffnungslos mit ihrer gesam-ten gemeinsamen Geschichte verknüpft schien – wurde ein endloses Knäuel verwikkelter Erinnerungen und Gefühle.

Die Taschen-Lady hörte schweigend und geduldig zu.

„Sind Sie fertig?," fragte sie, als Dana schließlich schwieg. Sie erntete einen verwirrten Blick.

„Um deutlicher zu werden, womit sind Sie fertig? Wenn Sie mit der Unterhaltung, die Sie gerade mit Ihrem Bruder hatten, fertig sind und sie ein für allemal hinter sich lassen können, großartig! Wenn Sie jedoch mit dieser Angelegenheit nicht fertig werden können, dann sind Sie auch fertig mit unserer Angelegenheit, würde ich sagen. Nun, es ist Zeit, eine Entscheidung zu treffen, meine Liebe."

„Ich werde nicht aufgeben!" beteuerte Dana. „Ich hatte nur diese verrückte Idee, dass ich einmal im Leben etwas zusammen mit meinem Bruder auf die Reihe kriegen würde. Ich dachte, ich hätte endlich etwas gefunden, das wir gemeinsam machen könnten."

„Um so eine richtig nette Familie zu sein – wie im Fernsehen, ja? Alle sind lieb und nett zueinander, Probleme werden immer glücklich gelöst, es gibt ein Happy End in 27 Minuten und Sie rennen raus und kaufen alles, was Sie in der Werbepause gesehen haben," zog die Lady Dana auf, ohne dabei ihre Liebenswürdigkeit zu vergessen.

„Ich weiß einen prima Namen für Ihre neue TV-Show. Wir nennen sie 'Die Perle – geht baden...' Sie sind der Star!"

Dana gelang ein schwaches Lächeln. Sie schniefte, als sie sich die Augen mit dem Taschentuch abwischte.

„Wissen Sie, ich habe viele Jahre lang Menschen beobachtet und wie sie sich verhalten. Mir scheint, es gibt zwei Grundtypen: Lamentierer und Gewinner. Na, wie ist's, wollen wir der Sache mal ins Auge blicken?"

„Okay," stimmte Dana zu, noch immer schniefend, wobei sie nun auch schon wieder lächelte.

„Dann lassen Sie uns jetzt mal über Sie und Ihren Bruder sprechen, Liebes. Ich wette, Sie haben all die Jahre ständig zu ihm aufgeschaut, stimmt's?"

„Ja."

„Sie haben immer alles mögliche getan, um seine Anerkennung zu finden?"

Dana wusste nicht genau, warum ihr diese Art von Fragen so unangenehm war. Ein bestürzter Ausdruck stahl sich in ihr Gesicht. „Na ja, ich denke schon."

„Gut, dann kann man wohl annehmen," fuhr die Taschen-Lady fort und bemühte sich um einen ernsten Ton, „dass er immer sehr viel erfolgreicher im Leben gewesen ist als Sie?"

„Also, eigentlich sucht er immer noch nach dem richtigen Weg.

Er hat eine Menge verschiedene Sachen ausprobiert, aber nichts davon hat bisher wirklich funktioniert."

„Oh, Sie wollen damit sicher sagen, dass er sich eine Menge abverlangt, nicht wahr? Dass er sehr hohe Ansprüche an sich selbst stellt?"

„Das weiß ich nicht so genau. Die gleichen, die andere auch an sich haben, nehme ich an."

„Also mittelmäßige, meinen Sie? Aber es gibt doch sicher einen ganz speziellen Bereich, auf dem er wirklich herausragend ist, oder?" setzte die Taschen-Lady ihre Befragung fort.

„Hm, nicht dass ich wüsste, ich muss überlegen..." Danas Miene verzog sich vor lauter angestrengtem Nachdenken. Sie begann zu ahnen, worauf die Taschen-Lady hinaus wollte.

„Aber wie steht's mit seinen Freunden? Ein Mensch mit treuen, wunderbaren Freunden ist in der Tat auch ein reicher Mensch. Wahrscheinlich ist das die starke Seite Ihres Bruders, nicht wahr?"

„Ich kann seine Freunde nicht ausstehen. Sie sind irgendwie... kein besonders vertrauenswürdiger Haufen, um ehrlich zu sein. Sie würden ihn wahrscheinlich für ein Taschengeld ans Messer liefern." Danas Miene verdunkelte sich zusehends.

„Oh, ich verstehe. Und wie steht es mit seinem Mut? Es heißt, ohne Mut sind alle anderen Tugenden nutzlos. Wenn Ihr Bruder nur ein bisschen was von seiner Schwester hat, dann hat er ganz bestimmt Mumm. Er ist bereit, ein Risiko im Leben einzugehen. Habe ich recht?"

Dana blickte der Taschen-Lady gerade in die Augen. Ihr ging langsam ein Licht auf.

„Sie meinen zum Beispiel das Risiko, mit mir zusammen in dieses Geschäft einzusteigen? Ich glaube, ich verstehe langsam, was Sie meinen. Nein, er war ja nicht bereit, diese Chance zu ergreifen. Er denkt, dass das alles bloß Lug und Trug ist..."

„Ah, ich verstehe." Die Taschen-Lady warf Dana einen wissenden Blick über den Rand ihrer Lesebrille zu.

„Dann wollen wir doch mal ganz genau hinsehen. Ich bin mir sicher, dass Sie Ihren Bruder sehr lieben, und daran soll sich auch nichts ändern. Gar keine Frage! Allerdings haben Sie mir gerade erzählt, dass Ihr Bruder nicht weiß, was er mit seinem Leben anfangen soll; dass er niemals sehr gut oder erfolgreich in einer Sache war; dass er kein Geld hat, keine wirklichen Freunde – und keinen Mumm. Können Sie mir da vielleicht mal erklären, was ihn dazu ermächtigt, irgendeine Entscheidung von Ihnen zu beurteilen?"

Dana wollte etwas antworten, aber es hatte ihr die Sprache verschlagen.

„Und mehr noch, Dana, warum sollten Sie sich vorwerfen, dass er nicht Ihr Geschäftspartner werden will? Er scheint mir nicht unbedingt aus dem rechten Holz geschnitzt zu sein, um einen guten Partner für Sie abzugeben."

„Sie haben recht," gab Dana ein wenig traurig zu.

„Ich bin nicht hier, um Ihren Bruder zu beurteilen, Dana. Was immer Ihre gemeinsame Geschichte ist, was immer Sie beide an diesen Punkt in Ihrem Leben gebracht hat, Sie könnten beide einen neuen Anfang machen. Und Sie haben beide die gleichen Möglichkeiten.

Sie haben beschlossen, es zu tun. Er hat sich entschieden, es nicht zu tun – zum gegenwärtigen Zeitpunkt.

Passen Sie auf: es ist wichtig, dass Sie eins nicht vergessen, Dana. Wenn jemand 'Nein' sagt, bedeutet das nicht immer wirklich ein 'Nein', und es bedeutet ganz gewiss nicht ein 'Nein' für alle Zeiten! Manchmal bedeutet es nur: 'Ich verstehe es nicht. Ich brauche mehr Informationen.'

Manchmal bedeutet es auch, dass Sie jemanden gerade im falschen Augenblick erwischt haben und dass er möglicherweise zu einem anderen Zeitpunkt offener sein wird – oder besser weiß, was er braucht. Und manchmal – und so ist es vielleicht bei Ihrem Bruder – heißt es einfach, dass er eben nicht so viel Hoffnung, nicht so viel Weitblick oder nicht so viel Mut aufbringt wie Sie. Es kann sein, dass es er braucht, dass Sie zuerst gehen. Es kann sein, dass er Sie dazu braucht, um ihm zu zeigen, was alles möglich ist. Dass Sie ihm den Weg ausleuchten, verstehen Sie? Das brauchen wir alle mal."

Danas Lächeln war jetzt warm und voller Vertrauen. Sie kam mit der ganzen Angelegenheit schon viel besser zurecht.

„Also los, Liebes," schubste die Lady sie an, „nun setzen Sie ein anderes Gesicht auf! Ich schaue inzwischen mal nach, was ich für heute Abend in Ihrem Kleiderschrank finde. Ich möchte, dass Sie aussehen wie eine Gewinnerin und dass Sie sich auch so fühlen! Und Sie wissen ja: Kleider machen Leute!"

Dana lachte jetzt wieder und verschwand im Badezimmer – mit einem kleinen Tanz.

Eine halbe Stunde später – die Babysitterin war eingetroffen und las Katie eine Geschichte vor, der kleine Kevin schlief schon in seinem Kinderbett – verließen Dana und die Taschen-Lady die Wohnung. Sie hatten ein volles Abendprogramm: Vier Präsentationen!

„Sie hatten recht, was die Kleidung betrifft," bekannte Dana. „Ich fühle mich so viel besser. Überhaupt hatten Sie in allem recht! Von jetzt an werde ich niemandem mehr erlauben, mich runterzuziehen."

„Ist das eine Selbstverpflichtung?" wollte die Taschen-Lady wissen.

„Darauf können Sie wetten!"

„Sie wissen, dass Sie darin nicht halbherzig sein können?! Eine Verpflichtung gilt rund um die Uhr – 24 Stunden lang."

„Ich bin dabei," erklärte Dana.

Ein zufriedenes Lächeln glitt über das Gesicht der Taschen-Lady.

„Zu diesem Thema gibt es eine kleine Geschichte. Haben Sie schon mal von George und Martha gehört, die Golf spielen?"

Dana schüttelte den Kopf.

„Nun, George und Martha leben in Sarasota in Florida. Es ist ein wirklich heißer Tag, aber beide lieben Golf über alles und sie haben schon eine ganze Weile nicht mehr gespielt. Also geloben sie, alle 18 Löcher zu spielen – komme, was wolle.

Nach sechseinhalb Stunden fällt dem Platzwart auf, dass sie noch nicht zurück sind und er fängt an, sich Sorgen zu machen. Eine weitere Stunde vergeht und endlich taucht Martha am Getränkeautomaten in der Kantine auf. „Mensch, Martha," sagt der Platzwart, „ich habe mir wegen Ihnen beiden schon Sorgen gemacht. Wo haben Sie nur so lange gesteckt?"

Und Martha erwidert: „Ja, wissen Sie, wir wären ja schon viel eher zurück gewesen, aber George hatte am elften Loch einen Herzanfall. Und danach musste ich den Ball schlagen, George hinterher schleifen, den Ball schlagen, George hinterher schleifen..."

Dana lachte. „Ich weiß schon, was Sie damit sagen wollen. Verpflichtung, stimmt's?"

„Genau. Die Geschichte ist zwar ein bisschen eigenartig, aber der Kern, um den es geht, ist durchaus ernst. Eine Verpflichtung bedeutet, bereit zu sein, ein Opfer zu bringen und ein Risiko einzugehen. Das größte Risiko für die meisten Menschen ist es, abgelehnt zu werden. Wir haben Angst davor, uns vor anderen lächerlich zu machen, vor allem vor Menschen, die wir lieben. Eine nette Kostprobe davon hat Ihnen Ihr Bruder heute verpasst."

„Tja, ich bin wirklich froh, dass Sie aufgetaucht sind und mich da rausgeholt haben," sagte Dana scherzhaft.

„Glauben Sie mir," antwortete die Lady, „ich hätte meine Zeit nicht mit Ihnen vergeudet, wenn ich nicht schon gewusst hätte, dass Sie bereit sind, sich selbst gegenüber eine Verpflichtung einzugehen und etwas zu riskieren. Helen Keller sagte einmal, dass das Leben entweder ein kühnes Abenteuer ist oder aber völlig bedeutungslos, und dass das einzige wirkliche Risiko im Leben darin besteht, gar nichts zu riskieren."

„Ich bin Ihnen wirklich dankbar, dass Sie mir diese Chance geben," sagte Dana.

„Und ich freue mich, dass ich für Sie da sein und Ihnen einen guten Start ermöglichen kann. Im Moment müssen Sie sich noch etwas von meiner Kraft leihen. Aber je mehr Sie lernen und mit Ihrem Geschäft wachsen, desto mehr werden Sie Ihre eigene Kraft entwickeln. Und schon bald werden Sie diese Kraft Ihren neuen Geschäftspartnern zur Verfügung stellen. Sie werden mich dann nicht mehr brauchen, um sich selber weiterzuentwickeln und groß rauszukommen."

„Ich kann kaum erwarten, diese Erfahrung selbst zu machen," sagte Dana. „Das wird ein ganz neues Gefühl für mich, das ist schon mal klar. Aber sagen Sie mir die Wahrheit: wird es irgendwann einmal einfacher für mich sein, mit diesem Gefühl von Ablehnung umzugehen?"

„Erinnern Sie sich, wie wir darüber gesprochen haben, dass der Verstand ein Magier ist?" Dana nickte. Ihr gefiel diese Vorstellung.

„Wenn du denkst, dass du etwas kannst, hast du recht. Wenn du denkst, dass du etwas nicht kannst, hast du auch recht – so wird es immer sein," zitierte Dana.

„Exakt. Und Ihr Verstand ist das Werkzeug, mit dem Sie die Ablehnung umwandeln können. Sie müssen sich in Ihrem Verstand einen Platz schaffen, an dem Sie gewinnen," riet ihr die Taschen-Lady.

„Sie meinen, mit all diesen Motivationskassetten und Selbsthilfebüchern und diesem Zeug?" fragte Dana.

„Das ist alles sehr nützlich. Aber jetzt spreche ich davon, Ihnen einen ganz speziellen Rahmen zu schaffen, um Ablehnung zu verstehen und damit umgehen zu können. Sie können es sich so wie ein Zahlenspiel vorstellen.

Stellen Sie sich vor, jemand gibt Ihnen einen Eimer voller Austern und sagt Ihnen, dass darin drei wertvolle Perlen stecken. Sie können alle Perlen behalten, die Sie finden, Sie müssen sich nur an die Arbeit machen und die Austern öffnen. Wie wäre das? Sie würden sie alle knacken, oder?"

„Natürlich!" erwiderte Dana.

„Und was wäre, wenn Sie schon die Hälfte der Austern geknackt hätten, ohne eine Perle zu finden? Würden Sie aufgeben?" fragte die Taschen-Lady herausfordernd.

„Natürlich nicht. Ich wäre ja schon näher an den Perlen dran als vorher."

„Sehen Sie, genauso ist es in diesem Geschäft. Es ist ein Zahlenspiel. Je mehr Ablehnungen Sie bereits hinter sich gebracht haben, desto dichter sind Sie daran, prachtvolle Perlen für Ihr Geschäft zu finden.

Auch dafür gibt es ein tolles Beispiel:

Ich kenne ein fantastisches Paar namens Bill und Peggy. Sie sind in der Branche gut bekannt, sehr erfolgreich, einfach riesig! Nun passen Sie auf, was es sie gekostet hat, bis sich dieses Geschäft wirklich für sie rentierte. Sie müssen dabei allerdings berücksichtigen, dass die beiden schon eine Menge Leute kannten. Das heißt, für das, was die beiden in einem Jahr geschafft haben, braucht ein anderer vielleicht etwas länger, aber darauf kommt es nicht wirklich an.

Hören Sie sich nur mal die Zahlen an: Bill und Peggy präsentierten im ersten Jahr ihre Geschäftsidee mehr als 1.300 Leuten."

Danas Augen weiteten sich. Das schien ihr schrecklich viel zu sein. Die Taschen-Lady bemerkte ihre Reaktion und beruhigte sie.

„Entspannen Sie sich. Das scheint eine Menge zu sein, aber ich kenne jemanden, der jeden Tag mit mindestens 20 Menschen spricht. Wenn Sie das zusammenzählen, kommen über 7.000 Präsentationen pro Jahr dabei heraus. Das geht! Aber egal: bei den 1.300 Präsentationen, die Bill und Peggy machten, fanden sich ganze 300 Menschen, die einsteigen wollten. Unter diesen 300 waren nur 87, die etwas mehr taten, als nur Produkte mit Rabatt zu kaufen. Von diesen 87 wiederum bemühten sich nur 35 ernsthaft darum, ein Geschäft aufzubauen.

Jetzt denken Sie vielleicht, dass all ihre Anstrengungen Bill und Peggy nicht sonderlich viel eingebracht hätten. Aber wissen Sie was? Unter diesen drei Dutzend Leuten waren dann elf Personen, durch deren Arbeit allein sie schließlich sage und schreibe mehr als eine Million Dollar verdient haben."

„Wow!" wisperte Dana, „11 von 1300, das heißt –...1289 Leute, die es nicht wirklich gebracht haben!"

„Gut gerechnet," kommentierte die Lady. „Was ich damit sagen will, ist: Sie dürfen es nie persönlich nehmen, wenn jemand das Geschenk, das Sie ihm anbieten, nicht haben will. Das dürfen Sie sich nicht in die Schuhe schieben. Ich sehe das so: einige tun´s. Einige tun´s nicht. Na und? Hören Sie auf zu jammern. Fangen Sie an, zu gewinnen. Denn: irgendjemand wartet – auf seine Chance! Also, wer ist der nächste?

Sie waren beide in bester Stimmung, als sie bei dem Gebäude ankamen, wo sie ihre erste Verabredung für heute Abend hatten. Apartment 2-B war schnell gefunden. Dort wohnten Valerie und Glenn Swanson. Glenn war einmal ein guter Freund von Danas Ex-Mann und Trauzeuge bei ihrer Hochzeit gewesen. Das war lange, bevor er Valerie kennen gelernt hatte. Sie hatten sich im Laufe der Zeit aus den Augen verloren, erst recht, als Danas Ex-Mann anfing, eine Party nach der anderen zu besuchen und dann immer erst spät nach Hause kam. Die beiden begrüßten Dana und die Lady freundlich.

Nun folgte in etwa das Gleiche, was auch auf Danas Party stattgefunden hatte. Als sie das Video vorgeführt hatten, waren Valerie und Glenn sich einig: Sie wollten den Winterspeck loswerden und das entsprechende Programm machen. Als sie anschließend noch ein wenig plauderten, fragte die Lady irgendwann beiläufig: „Und was machen Sie beide beruflich?"

„Wir arbeiten für die gleiche kleine Computerfirma." antwortete Glenn. „Val ist Systemanalytikerin und ich arbeite im Einkauf."

„Das ist eine ziemlich schnelllebige Branche. Macht es Ihnen Spaß?"

„Früher einmal," antwortete Valerie. „Ich zumindest. Aber der Konkurrenzdruck ist inzwischen immens... Nichts als Akquisitionen, Fusionen, sprunghafte Technologieentwicklungen. Ständig sprießen neue Firmen aus dem Boden, während andere reihenweise dichtmachen. Da gibt es so viel Paranoia im Moment, dass man nicht mehr weiß, wo einem der Kopf steht."

„Also, um ehrlich zu sein, macht es uns ein schon ein wenig Sorge, dass wir beide in der gleichen Firma arbeiten. Das ist keine stabile Grundlage. Wir setzen beide auf das gleiche Pferd. Das kann einen schon nervös machen," fügte Glenn hinzu.

„Kann ich mir vorstellen," sagte die Taschen-Lady. „Wenn es in der Autoindustrie genauso zuginge wie in der Computerbranche, dann würde ein

Rolls Royce in-zwischen nur noch 5 Dollar kosten, 150 Liter auf 100 km brauchen und einmal im Jahr explodieren!"

Alle lachten. „Und wie ist es mit Ihnen?" fragte Valerie. „Mögen Sie Ihre Arbeit?"

„Soll das ein Witz sein? Ich habe den besten Chef der Welt – mich selbst," sagte die Lady kichernd. „Ganz im Ernst," fuhr sie fort. „Man sagt, wenn man seinen Job liebt, muss man nicht arbeiten. Und genau so kommt es mir vor – ich liebe meine Arbeit. Und," fügte sie hinzu, „ich arbeite nur mit Leuten zusammen, die ich mir selbst ausgesucht habe – Leute, die ich wirklich mag!"

Dana strahlte. „Und deshalb habe ich die beste Mentorin, die man sich vorstellen kann!"

„Klingt ideal," kommentierte Valerie. „Ich glaube, mein Boss ist nur an Kostensenkung interessiert, und wie er den Leuten über ihm gefallen kann."

„Wenn das so ist, können Sie uns vielleicht behilflich sein," sagte die Taschen-Lady. „Klingt, als hätten Sie vielleicht ein oder zwei Arbeitskollegen, die sich ernsthaft nach etwas anderem umsehen. Wir suchen noch ein paar gute Leute, die sich an der Expansion unserer Firma beteiligen möchten. Wenn Sie jemanden wüssten, würde ich mich sehr freuen, wenn Sie uns Bescheid geben könnten," sagte die Taschen-Lady, die wie immer daran dachte, neue Samen auszusäen.

„Sie wollen Leute einstellen?" fragte Glenn nach.

„Nein, wir suchen keine Angestellten. Wir suchen Geschäftspartner."

„Wirklich? Mit welchem beruflichen Hintergrund?," fragte Glenn, ernsthaft neugierig geworden.

„Oh, das ist nicht so wichtig," sagte sie lächelnd. „Die Ausbildung gibt es bei uns kostenlos. Sie wären erstaunt, wenn Sie wüssten, aus welch unterschiedlichen Berufsfeldern unsere Mitarbeiter kommen.

Hören Sie, wir haben heute Abend nicht soviel Zeit, wir müssen zu unserer nächsten Verabredung. Wie wär's, wenn wir uns später noch einmal ausführlicher darüber unterhalten? Für heute reicht es erst mal, dass Sie beide den Startschuss für Ihr Schlankheitsprogramm gegeben haben. Wir melden uns morgen wieder!"

Dana und die Taschen-Lady verabschiedeten sich und verschwanden schnell. Als sie im Auto saßen, war Dana ganz aufgeregt und hatte eine Menge Fragen. „Ist ja irre... das war großartig! Gleich zwei neue Kunden! Aber wissen Sie, ich hatte das Gefühl, dass die beiden sich auch fürs Geschäft interessieren. Warum haben wir darüber nicht ausführlicher gesprochen?"

„Ausgesprochen gute Frage, Dana! Also erst mal: Es geht um ein Geschäft, und da hat alles seine Zeit. Heute Abend haben wir einen ziemlich dicht gedrängten Zeitplan. Das ist nebenbei gesagt, ein nettes Problem, das wir da haben.

Mir ist meine Zeit sehr kostbar und ich bin mir sicher, dass es den Leuten, die auf uns warten, ebenso geht. Es wäre deshalb ausgesprochen unhöflich, sie warten zu lassen. Der andere Grund, warum ich mich noch nicht gleich ausführlicher über das Geschäft auslassen wollte, hat etwas damit zu tun, was ich 'Gespür für den richtigen Moment' nenne. Das ist etwas, was Sie sich vielleicht notieren sollten." Dana kramte ihr Notizbuch hervor.

„Oft haben Menschen, die gerade erst in unserem Geschäft beginnen die Neigung, überstürzt an die Sache heranzugehen. Sie wollen jedem, der ihnen über den Weg läuft und fünf Minuten still hält, am liebsten gleich im ersten Gespräch jede Einzelheit über das Geschäft erzählen. Aber ist Ihnen schon mal aufgefallen, dass Gott uns zwei Ohren und nur einen Mund gegeben hat?" Dana nickte.

„Das heißt, dass wir doppelt so viel zuhören sollten, wie wir reden," gab die Lady zu bedenken. „Je mehr wir zuhören, desto mehr erfahren wir über die Bedürfnisse und Wünsche des anderen und umso besser wissen wir, wo es juckt und wo wir kratzen müssen.

Sie verstehen, was ich meine?"

„Ich denke schon," sagte Dana, ganz Ohr.

„Gut. Welche Anhaltspunkte hat uns das Gespräch mit Valerie und Glenn heute Abend darüber gegeben, wo es bei ihnen juckt?" fragte die Lady. Dana dachte laut nach und knabberte am Radiergummi ihres Bleistifts. „Sie waren ein wenig besorgt über die Sicherheit ihres Arbeitsplatzes. Und Valerie mochte ihren Boss nicht."

„Sehr gut. Und was noch?"

„Mir fällt gerade wieder ein, wie Glenn darauf ansprang, als Sie meinten, wir suchen noch Partner. Vielleicht würde er ja auch gerne ein eigenes Unternehmen aufziehen," überlegte Dana.

„Auch richtig. Doch vergessen Sie nicht das Naheliegende: Beide sind an den Ergebnissen interessiert, die unsere Produkte versprechen. Und wir wissen beide, dass sie davon ausgesprochen beeindruckt sein werden, stimmt´s?"

„Stimmt absolut!" stellte Dana fest.

„Und wenn sie erst einmal so weit sind, werden sie auch viel empfänglicher für das geschäftliche Potential unserer Produkte sein. Wenn wir also am Ball bleiben und uns über ihre Fortschritte auf dem Laufenden halten, werden sie vermutlich noch viel aufgeschlossener sein als heute Abend. Klingt doch vernünftig, oder?

„Ich verstehe, was Sie meinen," sagte Dana. „Wenn sie erst einmal auf unsere Produkte stehen, werden Sie vermutlich auch die Geschäftsidee attraktiv finden!"

„Ich will auch keinen Geschäftspartner, der die Produkte nicht mag. Denn wenn er das nicht tut, haben wir auch keine Gesprächsgrundlage, oder? Wir werden sie morgen anrufen und ihnen etwas über unsere Konferenzschaltungen erzählen."

„Wissen Sie," sinnierte Dana, „das erinnert mich ein bisschen an die Zeit, als ich klein war und mein Großvater mich mit zum Angeln nahm. Ich war immer viel zu eifrig und wollte unbedingt etwas fangen. Ständig musste ich die Angelschnur überprüfen oder den Köder auswechseln oder fragte ihn, ob wir uns nicht eine bessere Stelle suchen könnten. Ich war wohl eine ziemliche Nervensäge. Er sagte immer, wenn ich einen Fisch fangen wolle, bräuchte ich nur einen Köder, nämlich Geduld."

„Da hatte er recht. Das ist hier ganz ähnlich. Zu wissen, welchen Köder man braucht und zur richtigen Zeit an der richtigen Stelle zu sein, hat viel mit dieser Aufmerksamkeit für den Moment zu tun. Dann müssen Sie nämlich nur noch Ihren Haken auswerfen und auf den Fisch warten, der das will, was Sie haben."

Sie hielten an und parkten den Wagen. Auf zum nächsten Termin! Es lief alles glatt, genauso wie der Rest des Abends. Am Ende dieses langen Tages hatten sie insgesamt sieben neue Kunden für die Produkte sowie 4 ernsthafte Interessenten für ihre Geschäftsidee gewonnen.

Zurück in Danas Wohnung machten sie sich gleich daran, ihre Tabellen auszufüllen. Gemeinsam zogen sie Bilanz über die Ergebnisse des Tages. Sie hatten insgesamt mit 15 neuen Leuten gesprochen, eine Verkaufsparty ausgerichtet, 12 Leuten ihre Produkte verkauft, 5 mal das Video gezeigt, einen Vorzugskunden re-gistriert (der wahrscheinlich zum Geschäftspartner werden würde), einen Termin für eine weitere Verkaufsparty gemacht und über 800 Dollar umgesetzt!

„Nicht schlecht für den ersten Tag!" beglückwünschte die Taschen-Lady ihre neue Partnerin. „Und das war erst die eine Hälfte des 48-Stunden-Plans!" freute sich Dana. „Stellen sie sich nur vor, es könnte morgen genauso gut laufen!"

„Und was, wenn es die ganze Woche so gut läuft? Selbst, wenn Sie nur sechs Tage arbeiten, wäre das ein Umsatz von 5000 Dollar pro Woche. Wenn davon nur 20 Prozent auf Ihr Konto gehen, nachdem Sie Ihren Gewinn mit den Gastgebern und den neuen Geschäftspartnern geteilt haben, bleiben Ihnen davon noch immer 1000 Dollar. Wann haben Sie das letzte Mal soviel Geld in einer Woche verdient?" fragte die Taschen-Lady.

„Irre! Noch nie! Hey, und wenn das jetzt jede Woche so ginge! Das wären über 55.000 Dollar pro Jahr!" Dana konnte es kaum fassen.

„Das stimmt. Und es ist erst der Anfang. Wenn Sie so weiter machen, werden Sie schon bald Tantiemen einfahren, denn die sind der wahre Schlüssel zu Ihrem Königreich," erklärte die Lady. „Darüber haben wir noch nicht gesprochen. Das werden wir bald tun. Jetzt können Sie es sich erst einmal so vorstellen: Wenn Sie die Wahl hätten, eine McDonalds-Filiale zu eröffnen und an jedem der dort verkauften Burger 10 Cents zu verdienen oder aber an der ganzen Firma beteiligt zu sein und ein Hundertstel Cent an jedem Hamburger zu verdienen, der überhaupt verkauft wird, was würden Sie tun?"

Dana war noch mit Kopfrechnen beschäftigt, als die Taschen-Lady das Haus verließ.

Kurz bevor die Tür ins Schloss fiel, hörte sie die Taschen-Lady spielerisch vor sich hin murmeln: „Tantiemen. Denk an Tantiemen..."

Dana war so aufgedreht, dass sie kaum schlafen konnte. Wenn es noch nicht so spät gewesen wäre, hätte sie glatt weiter telefonieren können. Um sich zu beschäftigen, fing sie stattdessen an, in ihrer Küche herumzuräumen. Die Post vom Tag lag immer noch ungeöffnet auf einem ordentlichen Stapel neben dem Telefon. Als sie sie geistesabwesend durchsah, fiel ihr ein einzelner Umschlag ins Auge. Er kam offenbar von einer Versicherungsgesellschaft und war voll warnender Worte über all der schrecklichen Dinge, die ihr oder ihren Kindern zustoßen könnten, gegen die man sich versichern sollte. Und obwohl eigentlich eine Einschüchterung beabsichtigt war, traf der Slogan auf dem Umschlag sie heute ganz anders. Da stand:

„Was wäre, wenn....."

- Kapitel 6 -

Hindernisse und Gelegenheiten

Der Wecker neben Danas Bett klingelte, aber sie konnte ihn nicht hören, weil sie im anderen Zimmer war. Sie lag immer noch zusammengesunken im Schaukelstuhl neben Kevins Bettchen mit einem Arm über dem Gitter und ihrer Hand auf seinem kleinen Rücken. Sie war während des Streichelns eingeschlafen. Kevin hatte eine schlimme Nacht hinter sich.

Es war schon der zweite Anfall dieser Art in diesem Monat. Er war mitten in der Nacht aufgewacht und hatte heftig gehustet, mit heiseren, bellenden Geräuschen wie von einer jungen Robbe. Die seltsamen Geräusche, die da aus seinem kleinen Mund kamen, erschreckten ihn beinahe ebenso sehr wie Dana. Und je ängstlicher er wurde, um so mehr hustete er. Je mehr er hustete, um so schwieriger wurde es für ihn, zu atmen. Nach einem besonders starken Hustenanfall war er durch den Sauerstoffmangel total erschöpft.

Das Baby war von Anfang an für Virusinfektionen anfällig gewesen und Dana kannte die Anzeichen nur zu gut. Ihre Ohren waren darauf trainiert, beim ersten symptomatischen Bellen hochzuspringen und das heiße Wasser im Badezimmer aufzudrehen, damit es sich mit Dampf füllte. Dann setzte sie sich auf den Rand der Badewanne, den Kleinen auf dem Schoß, und ließ ihn den lindernden Dunst einatmen, bis sich sein Husten nach und nach beruhigte.

Wenn der Anfall vorbei war, legte sie ihn wieder in sein Bettchen, den Zerstäuber in seiner Nähe und stellte einen Stuhl mit hoher Lehne ans Fußende. Sie zog eine Decke über die Gitterstäbe und die Stuhllehne und formte so ein behelfsmäßiges Zelt. Dadurch konnte die feuchte Luft nicht entweichen. Das alles trug dazu bei, die Entzündung in Kevins Lungen zu besänftigen, so dass er schließlich friedlich einschlief. Aber Dana hatte Angst, ihn in diesem Zustand allein zu lassen und schlief meistens in dem Stuhl neben ihm ein.

Die Geräusche der Nachbarskinder im Hausflur, die sich auf den Weg zur Schule machten, weckten sie auf.

Die Schule! Oh nein, ihre Tochter würde wieder zu spät kommen. Katie hasste das. Und was wurde aus ihrer Verabredung mit der Taschen-Lady? Sie würde es nicht schaffen, bis neun in der Stadt zu sein. Und ihr 48-Stunden-Plan? Sie konnte ihn doch nicht einfach sausen lassen!

Sie weckte Katie und sagte ihr, sich zu beeilen. Katie warf ihr einen tadelnden Blick zu, als sie erfuhr, dass sie zu spät zur Schule kommen würde, aber sie zog sich brav an. Inzwischen wählte Dana, restlos überfordert, die Nummer des Plaza-Hotels. Gerade als die Lady abhob, klingelte es an der Tür.

„Hallo, ich bin's, Dana, entschuldigen Sie, könnten Sie einen Moment dran bleiben? Es ist jemand an der Tür..."

Sie schoss durch das Wohnzimmer, sah durch den Spion – natürlich, die Babysitterin. „Tut mir leid," sagte Dana, als sie die Tür öffnete und die Babysitterin hereinbat, „ich bin wirklich spät dran. Kevin ist wieder krank. Würdest du eine Minute warten? Ich habe jemanden am Telefon." Sie hetzte durch die Wohnung zurück und nahm, völlig außer Atem, den Hörer auf.

„Ich bin wieder da. Tut mir sehr leid." Dana stieß die Worte zwischen zwei Atemzügen hervor. „Ich schaffe das heute früh nicht. Ich war die ganze Nacht wegen dem Baby auf. Ich muss sofort mit ihm zum Arzt. Katie kommt zu spät zur Schule. Ich fühle mich schrecklich deswegen."

„Beruhigen Sie sich, meine Liebe." Die Taschen-Lady redete fest, aber beschwichtigend. „Sie wissen noch, mit wem Sie sprechen? Ich habe selber Kinder. Jetzt hören Sie mal, kümmern Sie sich um das, was zu tun ist. Sehen Sie zu, dass Katie zur Schule kommt, finden Sie heraus, wann der Arzt nach Kevin schauen kann, und dann rufen Sie mich an, okay?"

„Okay...Danke." Dana fühlte sich schon besser. Gott sei Dank verstand die Taschen-Lady, dass die Kinder bei ihr immer an erster Stelle standen. Sie hatte noch nie einen Boss gehabt, der das begriffen hatte. Sie legte auf und atmete tief durch.

„Cindy, ich schätze, du hast mitgehört, was los ist. Ich brauche dich hier heute morgen nicht, aber könntest du vielleicht Katie zur Schule bringen? Sie hat ihren Bus verpasst, und ich kann mit dem kleinen Kevin nicht raus, so krank, wie er ist. Ich verspreche, ich mache es wieder gut."

Die Babysitterin seufzte ärgerlich. „Wissen Sie, Dana, das zieht langsam nicht mehr," sagte sie. „Komm, Katie, können wir gehen?"

„Warte, sie hat noch nichts gegessen. Ich glaube, ich habe hier irgendwo noch einen Frühstücksriegel," murmelte Dana, während sie im Schrank stöberte. „Hier, Schätzchen, iss das auf dem Weg, ja?"

„Das mag ich nicht, Mami. Ich will Känguruh-Crunchies zum Frühstück," quengelte Katie.

„Katie, Schätzchen," sagte Dana, ging in die Hocke und nahm Katies Gesicht in die Hände, „ich weiß, dass du es hasst, zu spät zu kommen. Wenn du noch eine Schüssel Müsli isst, wirst du noch später kommen.

Hey, ich habe eine Idee. Ich tue dir ein bisschen in deine Brotbüchse, und du kannst sie wie einen kleinen Imbiss auf dem Weg zur Schule essen. Wie wäre das?," verhandelte Dana.

Katie nickte mit einem resignierten Seufzer. 'Was für ein lausiges Frühstück,' dachte Dana. 'Was für eine lausige Mutter,' stapelte sie auf die bereits vorhandenen Schuldgefühle.

Als die Tür zuschlug, wählte Dana die Nummer der Klinik. Die Stimme am anderen Ende klang gehetzt.

„Middleville Gesundheits-Zentrum, was kann ich für Sie tun?"

Dana trug ihren Fall vor und bat um einen baldigen Besuchstermin, aber wegen einer Grippewelle war das Wartezimmer bereits überfüllt.

„Tut mir leid, Sie müssen herkommen und warten. Die Ärzte sind noch zur Visite im Krankenhaus, nur ein einziger ist hier. Das kann eine Weile dauern," sagte die Frau. Es klang, als hätte sie diesen Satz heute morgen schon viele Male wiederholt.

Dana hatte besseres zu tun. „Ich verstehe ja, was Sie meinen, aber es ist wirklich wichtig, dass der Doktor sich mein Baby schnell anschaut. Es ist sehr krank, und ich kann es doch nicht den anderen kranken Menschen im Wartezimmer aussetzen."

„Tut mir sehr leid. Ich kann nichts... bleiben Sie bitte dran."

Dana war plötzlich in der Telefon-Hölle, genannt Warteschleife. Sie fand sich damit ab, zu warten und begann, eine Flasche Saft für Kevin zuzubereiten, während sie den Telefonhörer zwischen Ohr und Schulter hielt. Da klingelte es erneut. Sie ließ die Klinik sein, legte den Hörer auf und eilte zur Tür.

Ihr Vermieter stand im Hausflur. Er sah nicht sehr glücklich aus. 'Oh Gott,' dachte Dana entnervt, 'das fehlt mir gerade noch!'

„Mr. Feeney, ich weiß, ich bin mit der Miete ein Wenig im Rückstand, aber ich verspreche Ihnen, dass ich sie bald zusammen habe, ehrlich. Ich habe keine Arbeit gefunden, und die Alimente stehen auch schon zwei Monate aus, und..."

Dana wusste, dass sie plapperte, aber sie konnte sich nicht stoppen, obwohl ihre Geschichte offensichtlich keinen Eindruck auf Mr. Feeney machte. Genau in diesem Augenblick wachte Kevin auf und schrie. Seine Stimme war dünn und heiser.

„Das ist das Baby, würden Sie mich bitte eine Sekunde entschuldigen?"

Sie bedeutete Mr. Feeney hereinzukommen und eilte dem Kleinen zu Hilfe. Inzwischen hustete er erneut, und sein Weinen nahm einen ängstlichen Ton an. Sie nahm ihn hoch. Er war heiß vom Fieber und seine Windel war durchgeweicht. Armer kleiner Kerl! Mr. Feeney war hinterher ins Kinderzimmer gekommen. Sein Gesichtsausdruck war ein wenig milder geworden.

„Ist alles mit ihm in Ordnung?," fragte er. „Dieser Husten klingt aber ganz schön trocken."

„Er hat wieder Krupp. Das dritte Mal in diesem Jahr. Ich rief gerade den Arzt an, als Sie klingelten." Sie wiegte das Baby und klopfte ihm beruhigend auf den Rücken. Feeney sah, dass sie den Tränen nahe war. Viel Schlaf hatte sie wohl auch nicht gehabt, vermutete er. Die Szene rührte ihn.

Dana raffte ihre ganze Energie zusammen, drückte das Baby fest an sich, damit es ihr Mut gebe, und sah ihrem Vermieter in die Augen.

„Mr. Feeney, ich weiß, dass Sie meine Entschuldigungen mittlerweile satt haben müssen. Aber ich glaube wirklich, dass ich die Angelegenheit bald mit Ihnen in Ordnung bringen kann. Ich habe gerade etwas Neues angefangen. Ich ändere mein Leben, ehrlich."

Der Vermieter rieb sein zernarbtes Kinn und dachte nach. Er mochte es ganz und gar nicht, bei Mietern den starken Mann zu markieren – besonders nicht bei solchen, die wie Dana kämpften.

„Ehrlich, Mr. Feeney, ich habe gestern fast hundert Dollar mit meinem neuen Geschäft verdient! Höchstwahrscheinlich brauche ich heute das meiste davon für den Arzt, aber ich verspreche Ihnen, dass ich Ihnen nächste Woche etwas geben kann," bat Dana.

Er dachte, dass er verrückt sein müsse. Er vermietete nun seit dreizehn Jahren Wohnungen, und hatte diese oder ähnliche Worte schon viele Male zuvor gehört. Doch irgendwie wollte er Dana glauben. Nun gut, was würde eine Woche schon machen?

„Schauen Sie," sagte er, „ich bin kein schlechter Kerl. Ich habe auch Kinder, wissen Sie. Die müssen auch essen. Ich gebe Ihnen einen Aufschub, Dana. Sie haben Zeit bis zum Monatsersten. Nächsten Donnerstag. Das ist alles, was ich für Sie tun kann."

Dana dankte ihm mit Tränen der Erleichterung in den Augen. Vielleicht wendete sich doch noch alles zum Guten. Sie wechselte dem Baby die Windel und hielt es auf einer Hüfte, während sie erneut die Taschen-Lady anrief.

„Das ist ja prima!," erwiderte die Taschen-Lady, als sie von der langen Wartezeit im Sprechzimmer der Klinik erfuhr. „Ich hole Sie ab, und wir fahren mit dem Auto zur Klinik. Sie müssen das kranke Baby nicht im Bus umherschleppen. Während wir beim Arzt warten, haben wir eine Menge Zeit, uns zu unterhalten."

Dana legte auf, platt vor Verwunderung. Ihre neue Mentorin schien alles so positiv zu sehen. Aus Dingen, die sie als Hindernisse betrachtete, machte die Taschen-Lady günstige Gelegenheiten. Dana dachte nach. Es musste einen Zusammenhang zwischen der unerschrockenen Haltung dieser Frau und ihrem außergewöhnlichen Erfolg geben.

Als die Taschen-Lady ankam, hatte Dana das Baby schon angezogen, die Windeltasche gefüllt und ihre Lebensgeister waren ebenfalls zurückgekehrt. Sie lächelte sogar, als sie in die beeindruckende Limousine stieg, die ihre neue Freundin gemietet hatte. Auf der Fahrt bis zur Klinik hatte Dana sie vollständig von den Ereignissen des Vormittags in Kenntnis gesetzt.

In dem überfüllten Warteraum war nur ein Stuhl frei. Die Taschen-Lady hielt den kleinen Kevin auf dem Schoß, während sich Dana bei der Anmeldung eintrug. Die Schwester teilte ihr mit, was sie bereits wusste: Nur einer der Ärzte war zugegen. Es würde lange dauern.

Dana unterdrückte ein Gähnen, als sie zurückkam. Die Taschen-Lady erhob sich vom Stuhl und forderte Dana mit einer Bewegung auf, sich zu setzen und das Baby zu nehmen.

„Hier, ich schätze, den brauchen Sie heute früh nötiger als ich. Dana nahm widerspruchslos an. Ihre schlaflose Nacht machte ihr deutlich zu schaffen.

„Ich glaube, Ihnen täte ein bisschen Auftrieb gut. Lassen Sie mich nur machen," meinte die Taschen-Lady und machte sich auf die Suche nach einem Wasserspender. Unterwegs holte sie eine Probepackung der Energiekapseln aus ihrer Tasche. Sie kam bald zurück und reichte Dana ein Glas und die Kapseln.

„Genau das brauche ich jetzt!"

Ein kleiner Junge, der neben seiner Mutter stand, beobachtete sie aus der Nähe.

„Kann ich auch haben?," wollte er wissen. Bevor seine Mutter eingreifen konnte, ergriff die Taschen-Lady rasch das Wort.

„Diese Vitamine sind nur etwas für Mamis, besonders für Mamis, die nicht genug Schlaf bekommen haben."

Seine Mutter lenkte ihn mit einer Tüte Crackers in Tiergestalt ab, die sie mitgebracht hatte. Aber sie selbst war eindeutig neugierig auf die „Mami-Kapseln," die die Taschen-Lady erwähnt hatte.

„Jemand hat also den Schlaf in der Pille erfunden?" wollte sie wissen.

„So könnte man das auch sehen. Erzählen Sie ihr doch, wie Sie sie das erste Mal probiert haben, Dana," sagte die Taschen-Lady und schob ihrem neuen Schützling den Ball zu.

Ohne groß darüber nachzudenken, was sie sagte, schilderte Dana einfach ihre ersten Erfahrungen, die sie mit dem Produkt gemacht hatte. Sie berichtete von ihrer ursprünglichen Skepsis und ihrer Verwunderung über die Ergebnisse.

Die andere Frau schien sehr interessiert. „Mann, das klingt wie etwas, das ich gut gebrauchen könnte. Wo kann man das bekommen?"

„Oh, wissen Sie was, ich habe ein paar Probepackungen dabei. Ich würde nicht im Traum daran denken, unterwegs ohne zu sein. Möchten Sie eine probieren?" fragte die Taschen-Lady.

Die Frau akzeptierte gerne. Offensichtlich hatten verschiedene andere Frauen im Warteraum die Szene voller Neugier beobachtet. Die Taschen-Lady warf Dana ihren „Jetzt-pass-auf!"-Blick zu und wandte sich an eine der Frauen, die auch ein Kind im Schlepptau hatte.

„Möchten Sie auch eine probieren? Keine Angst, es sind bloß Vitamine. Noch jemand? Eigentlich sehen hier alle so aus, als könnten sie eine kleine Aufmunterung gebrauchen."

Zwei weitere Frauen nahmen das Angebot an und eine lehnte ab. Es war offensichtlich, dass die dritte Frau nichts und niemandem traute, besonders nicht so etwas wie „Schlaf in der Pille". Das klang eindeutig zu gut, um wahr zu sein. Aber sie beobachtete die anderen mit vorsichtigem Interesse.

Während sie die Frauen versorgte, beantwortete die Taschen-Lady ihre Fragen und erzählte, wie sie sich ihre zwei Tassen Kaffee täglich abgewöhnt hatte. Dann setzte sie sich hin und nahm ihre Unterhaltung mit Dana wieder auf.

„Wissen Sie, Dana, was ich an meinem Geschäft immer so geschätzt habe, ist, dass es mir erlaubt, eine gute Mutter zu sein und gleichzeitig genauso viel zu verdienen wie einer dieser Top-Manager – und das alles vom Küchentisch aus. Wenn du Kinder hast, ist dein Tagesablauf nie vorhersehbar. Es kann dir immer passieren, dass du dich plötzlich um ein krankes Kind kümmern, eine Elternversammlung besuchen oder Kekse für die Pfadfinder backen musst. Und noch tausend andere Dinge.

Manchmal stelle ich mir mein Leben wie ein Glas voller Murmeln vor." Die Taschen-Lady griff in ihre große schwarze Tasche und grub ein Glas hervor, das bis zum Rand mit bunten Murmeln gefüllt war. Damit zog sie sofort die Aufmerksamkeit des kleinen Jungen in ihrer Nähe auf sich. Schnell erhob er sich von dem Boden, wo er spielte, und kam zu ihr.

„Na, Süßer, willst du mir helfen?" fragte sie ihn. Er nickte wortlos, mit großen Augen in Richtung der Murmeln. Die Taschen-Lady gab ihm eine leere Plastiktasse.

„Machst du mir die Tasse am Wasserkühler da drüben voll und bringst sie mir zurück?" Das Kind machte sich eifrig daran, seine Aufgabe zu erfüllen und kam bald mit dem Wasser zurück. Seine Mutter ließ ihn natürlich nicht aus den Augen.

„Die meisten von uns führen ein Leben, das bereits so voll ist wie dieses Glas. Die Murmeln sind all die Mühen und Verpflichtungen, die jeden Tag auf uns zukommen. Es sieht so aus, als wäre in diesem Glas keinerlei Platz mehr, habe ich recht?"

Die Mutter des kleinen Jungen sprang darauf an: „Genau, das beschreibt mein Leben haargenau!"

Die Taschen-Lady lächelte sie an und freute sich, sie in die Unterhaltung mit einzubeziehen. „Und dann reden wir nur von einem guten Tag, stimmt's?

Ich war übrigens gerade dabei, Dana zu erklären, warum unser Geschäft so gut bei sehr beschäftigten Menschen funktioniert, besonders bei Müttern wie uns." Jetzt nahm die Taschen-Lady die Tasse mit Wasser und goss es in das Glas.

„Aber Sie sehen, wie dieses Wasser noch hinein passt, nicht wahr? Dieses Geschäft ist wie das Wasser. Es passt in den leeren Raum zwischen den Murmeln."

Eine der anderen Frauen im Wartezimmer fiel ein.

„Sie sprechen offensichtlich nicht von meinem Geschäft. Wenn mein Mann und ich nicht Tag für Tag in der Autowaschanlage sind und uns um unsere Kunden kümmern, können wir dicht machen." Dann fügte sie hinzu: „Und wenn der heutige Arztbesuch meinen Verdacht bestätigt, weiß ich nicht, wie wir zurechtkommen sollen. Meine letzte Schwangerschaft hat mich vier Monate ans Bett gefesselt."

Ihre Bemerkungen erklärten, warum sie so einen blassen und müden Gesichtsausdruck hatte.

„Sie Arme! Das kann einen schon ganz schön mitnehmen, nicht wahr?" sagte die Taschen-Lady mit aufrichtigem Mitgefühl. „Wissen Sie," fuhr sie fort, „ich hatte selbst acht Monate lang eine Risiko-Schwangerschaft, und mein zweites Kind war fünf Jahre alt, als ich beschloss, es mit diesem Geschäft zu versuchen. Ich hatte keinerlei Einkommen, war vielmehr hoffnungslos verschuldet und saß in der Wohlfahrtsbehörde, weil meine Ärztin mich wegen unbezahlter Rechnungen abgewiesen hatte. Ich wusste nicht, wie ich in dieser Lage für meine Familie sorgen sollte.

Aber wissen Sie was? Bis zu dem Zeitpunkt, als einen Monat später mein Baby ankam, hatte ich bereits Tausende von Dollars in der Tasche."

Spätestens jetzt hörten alle im Wartezimmer zu.

„Was genau machen Sie denn eigentlich?" wollte die Mutter des kleinen Jungen wissen. Das Kind krabbelte auf den Schoß der Taschen-Lady, immer noch fasziniert von den Murmeln, die sie mit dem Gefäß in der Hand hielt.

„Ist es in Ordnung, wenn ich ihm ein paar Murmeln zum Spielen gebe?," fragte die Taschen-Lady.

„Wenn er verspricht, sie nicht in den Mund zu stecken. Okay, Tommy?"

Das Kind nickte begeistert. Die Taschen-Lady fischte ein paar Murmeln aus dem Gefäß und steckte sie in einen kleinen blauen Filzbeutel mit einem Zugband, den sie von irgendwo aus den Tiefen ihrer großen Tasche hervorge-zaubert hatte. Sie gab ihn Tommy.

„Lass sie in diesem kleinen Beutel, Tommy, dann rollen sie nicht weg und gehen nicht verloren." Sie lächelte warm. Sie sah zu der Mutter des Kindes auf und fügte hinzu: „Jetzt wissen Sie, warum meine Freunde mich die Taschen-

Lady nennen. – Haben Sie schon mal etwas vom Network-Marketing gehört?,"
fragte sie Tommies Mutter. Die Frau dachte einen Moment nach.

Die schwangere Frau fiel erneut ein: „Ist das wie Amway?"

„Das ist zwar nicht die Firma, mit der ich zusammen arbeite, aber Amway
ist sozusagen die Großmutter aller Network-Marketing-Firmen. Wissen Sie,
dass Amway schon seit über 30 Jahren besteht und trotzdem den Absatz in den
letzten beiden Jahren verdoppelte? Ich glaube, er beträgt gegenwärtig so um die
sieben Milliarden Dollar weltweit."

„Sie machen Witze!" Eine andere Frau wurde jetzt lebhafter und regte sich
zum ersten Mal, seit sie ihre Energiekapseln geschluckt hatte. „Eine Freundin
von mir hat erzählt, wie sie bei einer anderen Firma reingefallen ist. Es endete
damit, dass sie mit einer Garage voller Zeug da saß, das sie nicht mehr losgeworden ist."

„Ich verstehe," sagte die Taschen-Lady, „bei einigen Leuten klappt es nicht,
egal aus welchen Gründen. Aber davon abgesehen, kennen Sie vielleicht sonst
noch jemanden, der es mit einem Geschäft versucht hat und es klappte nicht?"

„Klar," griff die Frau mit der Autowaschanlage das Thema auf. „Die meisten
neuen Firmen gehen in den ersten paar Jahren wieder pleite. Das habe ich im
„Success Magazine" gelesen. Ich sage Ihnen, wir waren mit unserer Waschanlage
auch mehr als einmal dicht davor. Sind wir noch!"

„Sie haben vollkommen recht," sagte die Taschen-Lady. „Aber auch wenn Ihr
Geschäft zugrunde gegangen wäre, würde das nicht bedeuten, dass es falsch war,
dass Sie damit angefangen haben. Ich denke, dass wir Erfolg oft erst aus unseren
Fehlern entwickeln. Wir lernen aus ihnen, und wir wachsen durch sie. Jemand
hat einmal gesagt, dass es kein Fehler ist, hinzufallen, sondern liegen zu bleiben.

Was mich angeht, so habe ich einige Male in meiner Karriere daneben
gegriffen. Ich habe ein paar Dinge angefangen, die nicht zu mir passten. Aber
überlegen Sie mal – wenn Sie Ihr Geld mal für einen grässlichen Film verschwen-
det haben, gehen Sie dann deswegen gar nicht mehr ins Kino? Wenn Sie einmal
eine miese Verabredung hatten, schwören Sie deshalb den Männern ab?"

„Da kann ich mitreden!," fiel Dana ein. „Das ist das gleiche wie mit einer Ehe,
die in die Brüche geht, verstehen Sie, was ich meine?" Sie grinste Dana wissend
an.

„Ich bin in der Tat sehr froh, dass ich trotz einiger schlechter Erfahrungen
nicht aufgegeben habe. Für mich war es immer kristallklar, dass Network-

Marketing die Zukunft ist. Meine Zukunft. Bis zum Jahr 2005 ist wahrscheinlich sogar Oprah Winfrey* mit von der Partie. Vor acht Jahren war ich froh, wenn ich mir ein Brot kaufen konnte, das schon einen Tag alt war, und Sachen, die reduziert waren. Und jetzt, wer hätte sich das träumen lassen, bin ich finanziell unabhängig."

„Tut mir leid, ich habe Schwierigkeiten damit, an Geschichten wie diese zu glauben," sagte die Frau mit der Freundin bei Amway.

„Ich verstehe sehr gut, was Sie meinen," stimmte die Lady ihr zu. „Wissen Sie, ich war Lehrerin in Brooklyn und habe im Monat selten mehr als 1000 Dollar verdient. Aber eins habe ich im Laufe der Jahre gelernt: dass es nie zu spät ist, sich neue Ziele zu setzen."

Die Frauen im Wartezimmer hatten aufmerksam zugehört. Seit der Ankunft von Dana und der Taschen-Lady waren nur zwei Patienten ins Behandlungszimmer gerufen worden. Jetzt rief die Sprechstundenhilfe den kleinen Tommy und seine Mutter auf. Als sie den Raum verlassen hatten, wollte die Frau mit der Waschanlage unbedingt mehr über dieses „Geschäft" erfahren.

„Ich möchte wirklich gerne mehr erfahren. Worum geht es da? Muss man etwas verkaufen?," wollte sie wissen.

„Dana, erzählen Sie ihr, was gestern los war," forderte die Lady sie auf.

Dana war stolz, von ihren Erfahrungen berichten zu können: Wie sie erst vor zwei Tagen ihre Freunde davon informiert hatte, was sie jetzt machte, von der Party bei ihr zu Hause am vergangenen Vormittag und wie viel sie in nur zwei Tagen erreicht hatte.

„Ich habe schon mehr als hundert Dollar verdient und habe erst vorgestern angefangen!" Ihre Stimme klang ganz aufgeregt.

„Und hatten Sie bei all dem jemals das Gefühl, jemandem etwas zu verkaufen?," fragte die Taschen-Lady.

„Oh nein, man fragte mich ja danach! Genau so, wie Sie und die anderen hier es gerade tun."

„Sehen Sie, wie das läuft, meine Liebe? Wenn mein Erfolg davon abhinge, Leute zu finden, die bloß etwas verkaufen wollen, wäre mein Geschäft nicht mal halb so groß. Nur wenige Menschen verkaufen gerne etwas.

Dieses Geschäft ist nicht so angelegt, dass die Leute dicht machen – im Gegenteil, es öffnet die Menschen. Es ist darauf ausgerichtet, Menschen neue

Möglichkeiten zu eröffnen und so ihr Leben zu verändern."

„Wenn Sie das sagen, hört es sich so an, als ob Ihnen Ihr Job wirklich Spaß macht," stellte die Waschanlagen-Frau fest. „Dieses Gefühl hatte ich bei meinem Job schon lange nicht mehr."

„Ich würde es nicht tun, wenn es mir keinen Spaß machte! Haben Sie schon mal das Buch „Der Prophet" von Kahlil Gibran gelesen?"

Die Frau schüttelte den Kopf.

„Das ist eins meiner Lieblingsbücher," sagte die Taschen-Lady. „Es gibt da einen großartigen Abschnitt über die Arbeit. Er geht so: „Arbeit ist Liebe, sichtbar gemacht. Wer nicht mit Liebe, sondern nur widerwillig arbeitet, sollte besser Bettler an der Pforte eines Tempels sein und Almosen von denjenigen empfangen, die mit Freude arbeiten." Genauso fühle ich auch."

„Weil Sie gerade von Gefühlen sprechen," warf die Frau mit der Autowaschanlage ein, „ich muss zugeben, dass ich mich sehr viel besser fühle als vorhin, als ich gekommen bin. Wie hieß dieses Zeug doch gleich, das Sie uns zum Probieren gegeben haben?"

Genau in dem Moment rief die Schwester ihren Namen auf.

Die Taschen-Lady griff in ihre Tasche und zog ein Video heraus. „Hier, das können Sie sich gerne mal anschauen. Es gibt einige Erläuterungen zu unseren Produkten und Sie können daraus auch entnehmen, wie man damit Geld verdient. Ich bin gespannt, was Sie davon halten. Wenn Sie dann noch mehr wissen möchten, rufen Sie uns hier in New York an, hier ist Danas Nummer. Wenn nicht, schicken Sie es mir doch bitte zurück. Sie finden meine Adresse und meine Telefonnummer auf dem Band."

Die Frau bedankte sich herzlich bei der Taschen-Lady. Sie schien sogar zu lächeln, als sie den Raum verließ. Es war ein merklicher Unterschied zu der Stimmung, in der sie hier angekommen war.

„Könnte ich mir das Video vielleicht als Nächste ausleihen?," fragte eine andere Frau, die bisher ziemlich still gewesen war.

„Wissen Sie, ich habe noch ein Video bei mir im Büro. Schreiben Sie mir doch Ihren Namen, Ihre Adresse und die Telefonnummer auf, dann schicke ich es Ihnen umgehend zu." Die Lady gab ihr eine Karteikarte und einen Kuli aus ihrer Tasche. Während sie ihre Adresse aufschrieb, fragte die Taschen-Lady, was sie von dem, was sie hier besprochen hatten, am meisten interessierte.

„Ich möchte mich nur ändern, das ist alles. Ich möchte jetzt wirklich nicht darüber sprechen, okay?," erwiderte sie.

Es war offensichtlich, dass ihr irgendetwas Sorgen bereitete.

„Selbstverständlich, ich verstehe. Ich glaube aber, dass Sie mit einigen der Geschichten auf dem Band etwas anfangen können." Die Taschen-Lady lächelte.

Als Dana mit dem kleinen Kevin dran war und zum Arzt hinein ging, blieb die Taschen-Lady im Wartezimmer sitzen. Kurz darauf kamen Tommy und seine Mutter heraus. Beide lächelten.

„Vielen Dank auch für die Vitamine," säuselte die Frau. „Was, sagten Sie, war das doch gleich?"

„Sind Sie zufrieden?"

„Aber sehr! Wie kann ich mehr davon bekommen?," wollte die Frau wissen.

„Wenn sie wollen, habe ich einen Katalog für sie." Als die Lady ihn aus ihrer Tasche hervorzog, fügte sie hinzu: „Wissen Sie, normalerweise habe ich immer einige Produkte in meinem Kofferraum. Irgendwie stoße ich immer auf jemanden, der sie gerade haben möchte. Aber ich befinde mich zur Zeit auf Reisen und fahre deshalb einen Mietwagen. Sie können sie aber auch problemlos einfach selbst bestellen. Sehen Sie, was Sie probiert haben, steht auf Seite 13."

Die Lady erklärte der Frau, wie sie mit ihrer Kreditkarte und ihrer Geheimzahl oder auch über eine 0800er-Nummer bei der Firma direkt bestellen konnte.

„In ein paar Tagen müssten sie es haben. Nebenbei bemerkt, kennen Sie jemanden, der gerne abnehmen möchte? Wir haben ein phantastisches Produkt dafür!"

„Oh, ich selbst hätte gerne 20 Pfund weniger. Aber ich bezweifle, dass es da irgendwelche Sachen gibt, die wirklich helfen, oder?"

„Nun, ich weiß nichts von 'irgendwelchen Sachen', aber ich weiß, was unser Produkt bei mir bewirkt hat. Das kann ich Ihnen sogar zeigen. Hier, sehen Sie!"

Die Taschen-Lady hatte bereits ihr „Vorher-Bild" aus der Tasche gezogen und zeigte es der Frau.

„Das sind Sie?," fragte die Frau erstaunt.

„Das bin ich, etwa 60 Pfund vorher. Ich bin immer noch keine schlanke Gerte. Aber das kann ich Ihnen sagen: Kurze Zeit, bevor dieses Foto aufgenommen wurde, sagte ich zu meinem Mann, dass ich keinerlei Hoffnung mehr hatte. Ich habe mich jahrzehntelang mit einer Diät nach der anderen rumgeschlagen und war zu dem Schluss gekommen, dass ich wohl niemals erfahren würde, wie es ist, die Arme zu bewegen, ohne dass die Pfunde gleich mitschwabbeln."

Die Frau lachte.

„Schon am ersten Tag, als ich dieses Produkt ausprobierte, wusste ich, dass es diesmal anders sein würde. Ich gebe Ihnen gerne eine Probepackung, wenn es Ihnen ernst ist mit dem Abnehmen."

„Oh, mir ist es bestimmt ernst damit!"

„Prima! Alles, was ich dann noch von Ihnen brauche, ist Ihre Telefonnummer. Dann kann entweder meine Partnerin Dana oder ich bei Ihnen anrufen und schauen, ob es seine Wirkung tut, einverstanden?"

Die Taschen-Lady bot Tommy und seiner Mutter an, sie zum Auto zu begleiten. Auf dem Weg dorthin erklärte sie ihr die Anwendung des Produkts und notierte sich, was sie von der Frau, die Cleo hieß, wissen wollte.

Gerade, als die Taschen-Lady sich von dem kleinen Tommy verabschiedete, kam Dana mit Kevin aus dem Gebäude und winkte ihnen zu.

„Wie geht's dem Baby? Was hat der Arzt gesagt?" rief sie quer über den Parkplatz.

„Es wird wieder," antwortete Dana und lächelte auf ihr müdes, aber zufrieden an seinem dicken Daumen nuckelndes Baby herab.

„Und warten Sie ab, was noch passiert ist," sagte sie aufgeregt und näherte sich dem Auto. „Das ist wirklich fantastisch! Ich habe mich im Untersuchungszimmer auf die Waage gestellt, während ich gewartet habe, und ich traute meinen Augen nicht! Ich habe seit vorgestern, als Sie mir die Probepackung gegeben haben, drei Pfund abgenommen!," sprudelte Dana hervor.

„Warten Sie mal, haben Sie das hier genommen?," fragte Cleo und hielt die Packung hoch, die ihr die Taschen-Lady gerade gegeben hatte.

„Ja, genau die," bestätigte Dana.

Cleo wandte sich der Taschen-Lady zu. „Da ich sowieso eine Bestellung aufgebe, kann ich dann nicht gleich dieses Zeug zum Abnehmen mitbestellen? Das geht doch, oder?"

„Aber ja!," erwiderte sie. „Der Erfolg wird garantiert, also haben Sie wirklich nichts zu verlieren, außer..."

„... Fett!," riefen alle drei zur gleichen Zeit und lachten.

Auf dem Weg zurück nach Hause schlief der kleine Kevin, und die beiden Frauen konnten sich ungestört unterhalten.

„Haben Sie gesehen, wie es geht?" fragte die Taschen-Lady mit einem strahlenden Lächeln.

„Nicht zu fassen! Ich kann kaum glauben, wie schnell das gegangen ist. Ich habe das Gefühl, dass sich mein ganzes Leben direkt vor meinen Augen verwandelt." Dana strahlte. „Und das, nachdem dieser Tag so fürchterlich angefangen hat!"

„Es hängt alles davon ab, wie Sie die Dinge betrachten," merkte die Taschen-Lady an. „Ihre Vorstellung formt die Realität, Liebes. Das haben Sie heute selbst erfahren. Ich sage Ihnen was, ich habe langsam Hunger. Und Sie? Mögen Sie Chinesisch?," fragte die Lady und zwängte sich in eine Parklücke vor einem chinesischen Restaurant.

Obwohl das Restaurant voll war, brauchten sie nicht lange auf einen Platz zu warten. Als sie die Speisekarte studierten, erschien ein etwas gestresst wirkender Kellner an ihrem Tisch.

„Darf ich Ihnen das Gericht des Tages empfehlen, meine Damen?"

Der Kellner verwies auf ein paar bevorzugte Gerichte, und beide wählten gedämpftes Gemüse und als Vorspeise süß-saure Suppe. Während sie auf das Essen warteten, plauderten sie über die Ereignisse des Vormittags.

„Verstehen Sie, was ich mit dem „Wasser zwischen den Murmel" gemeint habe, Dana? Sie haben einen Verkauf getätigt und haben Aussicht auf zwei vielversprechende neue Kundinnen. Dafür haben Sie weder etwas getan, das gegen Ihre Prinzipien verstößt, noch mussten Sie sich von etwas Zeit abzwacken, das wichtig für Sie ist. Sie sind einfach dem normalen Lauf Ihres Lebens gefolgt, haben Interesse und Mitgefühl für andere gezeigt und gesagt, was Sie denken.

Wer kann sich das sonst schon leisten?," sagte die Taschen-Lady abschließend.

Dana stimmte ihr freudig zu.

Das Essen kam, und beide machten sich voller Begeisterung darüber her. Klein-Kevin war mit seiner Schale Glasnudeln überglücklich und stopfte sie sich vergnügt in den Mund. Wie es scheinbar für Kleinkinder typisch ist, erfreute er sich von dem Moment an, in dem er in das Wartezimmer des Arztes kam, einer wundersamen und beinahe sofortigen Genesung.

Er hatte kein Fieber mehr, sein Appetit war ganz offensichtlich zurückgekehrt, und das einzige Zeichen seiner Krankheit war eine leicht tropfende Nase.

„Ich sehe wie froh Sie sind, dass es Kevin besser geht. Hatte Katie auch Krupp, als sie ein Baby war?," fragte die Taschen-Lady.

„Nein, Gott sei Dank nicht," sagte Dana.

„Kevin hat die Veranlagung dazu wahrscheinlich von mir geerbt, wenigstens sagt das meine Mutter. Katie ist Allergien gegenüber anfälliger, und dann natürlich für die Infektionen, die auf schwere Allergie-Attacken folgen. Bestimmt verschlimmert die Klimaanlage in diesem alten Rattenloch, in dem wir wohnen, ihre Probleme noch. Aber kann ich mir diese Wohnung ja schon kaum leisten, geschweige denn etwas besseres." Dana sah traurig in ihre leere Schale.

„Wo würden Sie denn gerne wohnen?," fragte die Taschen-Lady ruhig.

Dana schaute sehnsüchtig auf, während sich ein Bild in ihrem Kopf formte.

„Ach wissen Sie, das Übliche. An einem Platz, der mir gehört, mit netten Nachbarn, die auch Kinder haben. Ein Garten. Eigene Zimmer für die Kinder. Eine gute Schule in der Nähe. Eine ruhige Straße mit wenig Verkehr...Was wahrscheinlich jeder für seine Kinder möchte."

„Ich würde noch hinzufügen, dass ich möchte, dass meine Kinder in einem freien Land leben," sagte die Taschen-Lady, „in einer Gesellschaft ohne Hass, in einer Welt des Friedens – aber ich wette, da sind wir beide auf der gleichen Wellenlänge, nicht wahr?" Dana lächelte und nickte. Dann kam der Kellner und räumte die Teller ab, und die Taschen-Lady verlangte die Rechnung.

Später, als sie das Trinkgeld auf dem Kreditkartenbeleg einsetzte, wandte sie sich wie nebenbei an den Kellner: „Sagen Sie, ich nehme an, dass Sie hier bei Ihrer Arbeit auf etliche Gäste treffen, die daran interessiert sind, sich gesünder zu ernähren und die auf ihre Kalorien und ihren Fett- und Cholesterinspiegel achten, habe ich recht?"

Der Kellner bestätigte, dass dieses Thema bei seinen Gästen auf großes Interesse stieß.

„Vielleicht können Sie mir dann helfen?," fuhr die Taschen-Lady fort. „Es ist Teil meines Geschäfts, Menschen zu helfen, gesünder zu leben. Ich selbst habe Hunderten dabei geholfen, abzunehmen, ihren Energiepegel zu steigern und ihre Gesundheit rundherum zu verbessern.

Ich suche noch Unterstützung in meinem Geschäft und ich zahle Vermittlungsprovisionen. Wenn Sie an einem Nebenverdienst interessiert sind oder möglicherweise an der Mitarbeit in meiner Firma, rufen Sie mich bitte an."Sie überreichte dem Kellner ihre Visitenkarte und stand auf, um zu gehen. Dana war damit beschäftigt, die Sachen des Babys zusammenzupacken. Der Kellner, offenbar neugierig geworden, studierte die Karte einen Moment lang. Plötzlich ertönte eine weibliche Stimme von einem Tisch nebenan.

„Entschuldigen Sie bitte, ich möchte Sie etwas fragen, bevor Sie gehen," sagte die Dame und kam auf die Taschen-Lady zu.

Ich konnte nicht überhören, wie Sie vom Abnehmen sprachen. Was gibt es denn da? Ich bin ganz verzweifelt. Ich habe alles versucht, außer mir den Mund zuzubinden, und der Doktor sagt, ich bin eine wandelnde Zeitbombe, solange ich nicht etwas von diesem Schwabbel von meinen Hüften und von meinem Herzen runterkriege."

Die Taschen-Lady lächelte voller Verständnis. „Ich weiß genau, was Sie meinen," sagte sie und griff in ihre Tasche. Erneut holte sie ihr „Vorher-Bild" heraus und zeigte es der Dame. „Das bin ich, 60 Pfund vorher. Bis dahin hatte ich bestimmt alles versucht, was Sie auch versucht haben, und wahrscheinlich noch mehr. Jetzt habe ich etwas, das wirklich funktioniert. Ich gebe Ihnen eine 100-prozentige Garantie. Wir müssen jetzt weiter, aber rufen Sie mich doch später einfach an."

Die Taschen-Lady schrieb rasch die Telefonnummer ihres Hotels zusammen mit Danas Namen und Nummer auf ihre Karte. Sie wollte diese Frau nicht warten lassen, ihr Leben hing vielleicht an einem seidenen Faden.

„Sie können mich bis Sonntag unter dieser Nummer erreichen. Sie können aber auch immer meine Partnerin Dana anrufen. Das hier ist ihre Nummer. Wenn Sie es wirklich ernst meinen, rufen Sie uns an!" Sie lächelte die Dame direkt an und wandte sich dann zum Gehen.

„Ach übrigens, hier haben Sie eine kostenlose Probe, mit der Sie schon mal beginnen können. Haben Sie eine Visitenkarte?"

Gerade, als sie das Restaurant verlassen wollten, blieb Dana stehen.

„Halt! Wir haben unsere Glückskekse vergessen!" Sie ging zu ihrem Tisch zurück, um die in Zellophan eingewickelten Glückskekse zu holen. Dort traf sie auf den Kellner, der ihr die Kekse schon auf einem kleinen Plastiktablett entgegenhielt. Er verbeugte sich. Dana verbeugte sich ebenfalls, nahm die Kekse und lächelte dem Kellner zu.

Dana hatte bereits eine beträchtliche Sammlung dünner, weißer Papierstreifen aus allen Glückskeksen, die sie je gegessen hatte. Der von heute musste ein ganz Besonderer sein!

Sie ließ die Taschen-Lady einen Keks auswählen und wickelte dann den ihren aus, während sie zum Parkplatz gingen. Mit geübten Händen brach sie den Keks in zwei Teile, zog das zerknautschte Papier heraus und faltete es behutsam auseinander. Als sie den Spruch darauf las, lächelte sie und nickte zustimmend. Er lautete:

„Um an den Ort zu gelangen, wohin du möchtest,
musst du den Ort verlassen, an dem du gerade bist.“

- Kapitel 7 -

Die Kunst der Duplikation

Dana ging immer noch der Orakelspruch aus dem Glückskeks durch den Kopf, als sie das Baby und sich selbst im Auto anschnallte. Die Taschen-Lady startete den Wagen und verkündete: „Wir sind auf dem richtigen Weg, Darling!"

Als sie bei Danas Wohnung ankamen, hatte Kevin eine jener unmöglichen Haltungen, wie sie nur schlafende Babys im Kindersitz gelingen. Sie legte ihn behutsam in sein Bettchen und setzte sich dann zu der Lady in die Küche.

„Weshalb denn so niedergeschlagen, Dana? Hatten wir nicht einen tollen Tag?"

„Das schon. Viel besser, als ich es mir heute Morgen vorstellen konnte. Aber jetzt sitzen wir den ganzen Nachmittag zu Hause fest und dabei müsste mein 48-Stundenplan eigentlich in vollem Gange sein. In einer Stunde kommt Katie nach Hause und die Babysitterin hat frei, weil Kevin krank ist."

„Jetzt fangen Sie schon wieder damit an, Dana".

„Was denn? Was mache ich schon wieder?" fragte Dana zerknirscht.

„Man nennt das manchmal Existenzangst. Sie schränken das ein, was möglich ist, und zwar ganz allein. Sie erlauben äußeren Umständen, Ihnen zu diktieren, was Sie erreichen können und was nicht. Das ist ein großer Fehler, wirklich!"

Die Lady grub wieder einmal tief in der Tasche.

„Hier". Sie reichte Dana etwas, das wie ein kleines Teleskop aussah. Dana drehte es fasziniert hin und her.

„Es ist ein Kaleidoskop. Hier, schauen Sie hinein". Dana hielt das schmalere Ende vor ihr Auge. Sie war entzückt.

„Oh ja, ich erinnere mich. Man muss es drehen, richtig? Oder wie geht das bei diesem hier?"

Sie schaute es sich noch mal eingehend an. „Ach ja, ich seh schon. Man muss es so herum drehen. Ach, das ist toll! Katie wäre entzückt!" Sie verlor sich einen Moment lang in den schillernden und ständig variierenden Farben und Mustern.

„Sagen Sie mir Bescheid, wenn die Muster sich wiederholen," sagte die Taschen-Lady.

„Aber das ist doch das Besondere an Kaleidoskopen!" sagte Dana verblüfft. „Die Muster ändern sich andauernd. Sie wiederholen sich nie!"

„Aber es muss doch eine Begrenzung der möglichen Muster geben, die man damit machen kann," gab die Taschenlady zu bedenken.

„Nein, das glaube ich nicht," sagte Dana ganz ernsthaft. „Ich denke, die Möglichkeiten sind unbegrenzt. Wie bei Schneeflocken."

„Tatsächlich! Stellen Sie sich das vor, Liebling – unbegrenzte Möglichkeiten!" Die Taschen-Lady schmunzelte. Dana setzte das Kaleidoskop ab und sah die Taschen-Lady mit einem schiefen Grinsen an.

„Danke. Ich glaube, ich habe verstanden. Sie meinen, ich soll mir vorstellen, dass es keine Grenzen gibt, dass alles möglich ist?"

„Falsch," sagte die Taschen-Lady voller Mitgefühl. „Ich will nicht, dass Sie sich irgendetwas vorstellen. Ich möchte, dass Sie es glauben, mit Ihrem ganzen Wesen wissen!

Wenn das wahllose Verhalten irgendwelcher bunter Glassplitter in diesem kleinen Apparat in seinen Möglichkeiten unbegrenzt ist – dann wissen Sie einfach, dass so ein großartiges, unendlich komplexeres, durch Gott erschaffenes Geschöpf wie Sie tausendmal, ja unendlich viel unbegrenzter sein muss!"

„Höre ich da gerade jemanden, der versucht, die Unendlichkeit zu erklären?" fragte eine Stimme aus dem Wohnzimmer, der augenblicklich das dazugehörige Gesicht folgte. Es war Linda, die ihren dreijährigen Sohn im Schlepptau hatte.

„Hallo, ich wollte mal kurz vorbeischauen, um zu sehen, wie es dem Baby geht. Was hat der Arzt gesagt?"

„Das Übliche. Es soll sich ausruhen, viel trinken, eine Zeit lang keine Milchprodukte bekommen, immer das gleiche Blabla.

Und – was sagt dein Mann zu unserer Geschäftsidee?"

„Da brauchst du dir gar keine Gedanken zu machen. Ich denke, er wird die Idee toll finden. Wahrscheinlich wird er sogar glauben, dass es seine eigene war, wenn die Party heute Abend vorbei ist!"

„Moment mal," sagte Dana verblüfft. „Sagtest du heute Abend?"

„Es gibt nichts Gutes, außer man tut es – und zwar gleich, oder? Es wird keine große Sache. Ein paar Frauen aus dem Haus werden kommen und einige Mütter aus Mickey's Kindergarten. Ach ja, und meine beiden Schwestern und mein Cousin. Das sind doch nicht zu viele?" fragte Linda und lächelte selbstzufrieden.

„Das sollte das kleinste Problem sein, meine Liebe," versicherte die Taschen-Lady, offensichtlich ebenfalls sehr angetan. „Und stellen Sie sich vor, Dana hatte schon befürchtet, dass heute nichts mehr los sein würde."

„Moment mal," rief Dana. „Ich habe aber niemanden, der heute Abend auf Kevin und Katie aufpasst. Meine Babysitterin geht zur Abendschule und ich kann die beiden auch nicht mitbringen, weil Kevin krank ist."

„Kein Problem!" Linda schmunzelte. „Ich habe an alles gedacht. Wenn es okay ist, dass ich Mickey heute Abend mitbringe, wird meine Babysitterin sich um alle drei kümmern. Abgemacht?" „Abgemacht!" war die einstimmige Antwort.

„Wo Sie schon mal da sind, Linda, möchten Sie nicht noch ein wenig hier bleiben und etwas über unser Geschäft erfahren, was ich Dana ohnehin heute Nachmittag erklären wollte? Es ist ziemlich wichtig. Es geht dabei um den Ort, wo das echte Gold vergraben ist. Viele Leute werden dieses Gold niemals entdecken, weil sie nicht sorgfältig danach graben."

„Das hört sich allerdings wichtig an," stimmte Linda zu. „Ich denke, ich habe etwas Zeit. Reicht eine Stunde?"

„Perfekt!" erwiderte die Lady, und begann prompt, in ihrer großen, schwarzen Tasche nach etwas zu suchen. Schließlich brachte sie einen Karteikasten hervor und stellte ihn mit einem zufriedenen Gesicht auf den Tisch.

„Man kann dieses Geschäft mit Kuchenbacken vergleichen. Stellen Sie sich vor, Sie wollten einen guten Kuchen backen – was würden Sie tun? Sie würden zuerst nur die besten Zutaten einkaufen – richtig? Die frischesten Eier, das reinste Fett, das beste Mehl. Sie würden alles sehr sorgfältig mischen und es dann behutsam in den Ofen stellen. Und Sie würden dafür sorgen, dass jeder, der im Haus ist, vorsichtig herumläuft, damit der Kuchen beim Backen nicht in sich zusammenfällt – stimmt's?

Und nun stellen Sie sich vor: Es ist soweit, Sie gehen zum Ofen, nehmen den Kuchen heraus und – er ist trotz alledem in sich zusammengefallen. Platt wie ein Pfannkuchen. Was könnte schiefgegangen sein?"

Die Frauen überlegten einen Augenblick.

Linda antwortete als erste: „Vielleicht wurde eine Zutat vergessen?"

„Bingo! Es fehlt etwas. Etwas, das den Kuchen erst wirklich aufgehen lässt!" Der Taschen-Lady schien dieses Spiel zu gefallen.

„Okay, ich verrate es Ihnen. Das, was Ihr Geschäft wachsen und aufgehen lässt wie diesen Kuchen, ist das, worüber ich heute mit Ihnen sprechen will und es nennt sich „Follow-up". Das richtige Follow-up schafft den eigentlichen Gewinn. Sie werden gleich verstehen, was ich damit meine. Dana, haben Sie die Zettel noch, die Sie gestern in Ihr Buch gesteckt haben, mit den Namen und Adressen der Leute, die wir in den letzten beiden Tagen gesprochen haben?"

Dana beeilte sich, ihr Notizbuch zu holen.

Die Taschen-Lady öffnete inzwischen den Karteikasten. Die Karten waren alle noch leer und die hellblauen Trennkarten trugen die Zahlen von 1 bis 31 – für die Tage des Monats. Sie nahm eine Karte heraus und zeigte Dana und Linda, was sie dort eintragen sollten: Namen, Adressen, Telefonnummern, private und berufliche.

Der erste Name auf Danas Zetteln war zufällig der von Susan, die auf der Party gewesen war. Sie notierten also das Datum der Party, was sie gekauft hatte und notierten außerdem, was Susan sich von den Produkten versprach. Dana und Linda sahen zu, als die Taschen-Lady Susans Nummer wählte. Als sie abnahm, wollte die Lady als erstes wissen, ob sie einen Moment Zeit hätte.

Susan schien sich über den Anruf zu freuen und berichtete gerne, wie sie ihre Produkte bisher genommen hatte und wie es ihr damit ergangen war. Die Lady bestärkte sie in ihren Erfahrungen und erinnerte sie daran, was sie als Nächstes zu tun hatte. Sie versprach Susan, sie in einigen Tagen wieder anzurufen und sich nach ihren Fortschritten zu erkundigen, bevor sie sich von ihr verabschiedete. Alles in allem hatte das Gespräch keine drei Minuten gedauert.

„Haben Sie zugehört?" fragte die Taschen-Lady; sie schien sehr mit sich zufrieden zu sein. „Das war eigentlich ein einfacher Fall. Alles läuft bestens und sie hatte keine Fragen. Nun fühlt sie sich bestärkt, weil wir nachfragen, ihr Unterstützung geben und Interesse an ihr zeigen. Außerdem weiß sie jetzt, dass wir unser Wort halten, was das Coaching bis zu den ersten Ergebnissen betrifft."

Sie sortierte die Karteikarte unter dem Datum ein, an dem der nächste Anruf stattfinden sollte.

„Okay, lassen Sie uns noch jemanden anrufen." Sie wählten Glenn, dem sie am Vorabend zusammen mit Valerie das Video gezeigt hatten.

„Hallo, kann ich bitte Glenn sprechen?"

Es war einen Moment lang still, während die Lady darauf wartete, dass Glenn ans Telefon kam. In der Zwischenzeit flitzte Dana ins Nebenzimmer und kam mit einem schnurlosen Telefon zurück, so dass sie das ganze Gespräch mitverfolgen konnte. Die Lady bemerkte es und signalisierte mit „Daumen hoch" Zustimmung.

„Glenn, hier ist die Taschen-Lady von gestern Abend, Sie erinnern sich?"
Glenn erwiderte ihre Begrüßung nur kurz.

„Dana und ich wollten uns bei Ihnen erkundigen, wie es mit den Produkten läuft."

„Hallo, Glenn!" schaltete sich Dana ein.

„Haben Sie einen Moment Zeit?" fragte die Taschen-Lady.

„Nur, wenn es nicht allzu lange dauert," antwortete Glenn und klang dabei etwas genervt. „Hier geht es heute zu wie im Irrenhaus. Wir sind mitten in der Inventur."

„Das hört sich ganz danach an, als ob Sie wirklich ein bisschen zusätzliche Energie gebrauchen könnten. Gut, dass wir Ihnen unsere Produkte vorgestellt haben," meinte die Taschen-Lady. „Aber wir machen es ganz kurz, versprochen. Vielleicht sagen Sie uns einfach nur, wie Sie Ihre Mittel heute eingenommen haben."

„Wie wir es abgemacht haben," antwortete Glenn ein wenig ausweichend - er schien eine Art Verkaufsgespräch zu erwarten. „Und um ehrlich zu sein, ich habe bis jetzt noch keinen Unterschied feststellen können."

„Können Sie mir vielleicht etwas genauer sagen, was Sie genommen haben und wann, Glenn? Das ist ziemlich wichtig," fragte die Taschen-Lady weiter.

„Also gut. Ich habe das Pulver vor dem Frühstück genommen und dazu eine von den kleinen braunen Tabletten."

„Aha, kein Wunder, dass Sie bisher nichts gemerkt haben. Gut, dass wir darüber reden, Glenn. Es passiert oft, dass man am Anfang ein wenig durcheinander kommt. Das ist nicht weiter schlimm, aber darf ich es Ihnen noch einmal schnell erklären, ja?"

„Klar, aber eine Sekunde bitte, ich möchte es mir diesmal aufschreiben."
Man hörte Glenn nach einem Bleistift suchen. „Okay, kann losgehen!"

Langsam und mit einfachen Worten gab ihm die Taschen-Lady noch einmal die genaue Anleitung für den Gebrauch der Produkte durch. „Und, Glenn, wundern Sie sich nicht, wenn Sie in den ersten Tagen noch keine Wirkung spüren. Bei mir hat es damals eine ganze Woche gedauert, bis ich zum ersten Mal etwas gemerkt habe, aber dann konnte ich innerhalb von zwei Wochen meine täglichen zwei Tassen Kaffee aufgeben. Bleiben Sie einfach dran, ich garantiere Ihnen, dass es bei Ihnen genau so gut funktionieren wird. Okay?"

„Natürlich, kein Problem."

„Wir melden uns in ein paar Tagen wieder, Glenn. Auf Wiederhören!"
Die Taschen-Lady wandte sich Dana und Linda zu.

„Sehen Sie, alles ganz einfach. Aber stellen Sie sich mal vor, was passiert wäre, wenn wir jetzt nicht angerufen hätten. Glenn hätte die Produkte weiterhin falsch eingenommen und wäre wahrscheinlich irgendwann so frustriert gewesen, dass er zu dem Schluss gekommen wäre, dass sie gar nicht richtig wirken. Und auch, wenn er nicht über eine Rückerstattung nachgedacht hätte – es wäre doch schade, wenn er seine Wunschergebnisse nicht erzielen könnte – ganz zu schweigen von der verpassten Chance, dass ein glücklicher Kunde eine großartige Geschichte erzählen kann!"

Die Lady half Dana, Glenns Karteikarte auszufüllen und ein paar Stichworte zu ihrem Gespräch aufzuschreiben. „Wir sollten ihn gleich für morgen wieder einsortieren. Wir müssen sichergehen, dass er es richtig anfängt," schlug sie vor.

„Mit Ihrem Zweitapparat können wir beim nächsten Anruf gleich üben, wie man zu dritt telefoniert. Wir können mit dem nächsten Kunden gemeinsam sprechen. Außerdem könnten Sie heute noch die Telefongesellschaft anrufen und einen ISDN-Anschluss bestellen. Dann könnten wir jederzeit gemeinsam telefonieren, sogar wenn wir an verschiedenen Orten sind."

Die Lady bemerkte, wie der bekannte Armutsblick über Danas Gesicht huschte.

„Keine Sorge, das kostet Sie höchstens drei, vier Dollar im Monat. Bis die auf Ihrer Rechnung auftauchen, meine Liebe, werden Sie dadurch schon sehr viel mehr verdient haben! Konferenzschaltungen sind eine wichtige Stütze unseres Geschäfts. Wir brauchen es einfach. Das ist nicht verhandelbar!"

„Lassen Sie uns Lonnie anrufen," schlug Dana vor. „Sie war ziemlich beeindruckt gestern Abend, als wir ihr das Video zeigten".

„Gute Idee! Jetzt passen Sie auf, Linda, Sie können mir bei diesem Anruf helfen. Wir werden so vorgehen: Dana ruft an und holt Lonnie ans Telefon. Sie macht es genauso wie immer. Wenn Lonnie einen Moment Zeit hat, erklärt sie ihr, weshalb sie anruft. Sie sagt ihr, dass ich auch dabei bin, um ihr zu helfen, weil sie selbst ganz neu im Geschäft ist und noch lernt. Sie wird sie danach fragen, ob und wie sie ihre Produkte heute genommen hat und dann werden wir beide den Rest übernehmen, okay?"

Dana wählte bereits. Lonnie freute sich, von ihnen zu hören und erzählte gleich, wie energiegeladen sie sich fühlte, seit sie die Mittel am Morgen genommen hatte. Dann wollte sie allerdings genauer wissen, was sie einnahm und hatte ein paar Fragen zu weiteren Produkten aus dem Katalog. Sie wollte etwas über Inhaltsstoffe erfahren und darüber, wie sich die Produkte von anderen unterschieden, von denen sie schon gehört hatte. An dieser Stelle sprang die Lady ein.

„Wissen Sie, Lonnie, wir würden Ihnen wirklich gerne helfen, Ihre Fragen zu beantworten, aber keine von uns ist Spezialistin für die genaue Zusammensetzung dieser Produkte. Worüber wir allerdings sehr gut Bescheid wissen, sind die groß--artigen Ergebnisse, die Leute damit erzielen." Die Taschen-Lady erzählte ihr einige kurze Geschichten von Menschen, die sie persönlich kannte.

„In der Firmenzentrale gibt es allerdings Experten, die sich mit den Details besser auskennen," fuhr die Lady fort. „Darüber hinaus haben wir eine gebührenfreie Hotline zur Produktinformation, einen Faxabruf und eine Webseite, um diese Fragen zu beantworten. Ich kann Ihnen die Nummern und die Web-Adresse geben. Haben Sie etwas zu schreiben da?"

Lonnie bejahte und schrieb sich alles auf.

„Wenn Sie diese Hotline angerufen und dann immer noch Fragen haben, rufen Sie uns wieder an, Lonnie, und wir kümmern uns darum. Okay?"

Lonnie war einverstanden und verabschiedete sich freundlich.

„Was hat es denn mit dieser Hotline auf sich?" wollte Dana wissen, nachdem sie aufgelegt hatten. „Davon haben Sie noch nichts erzählt!"

„Doch," sagte die Taschen-Lady, „ich habe es schon einmal angedeutet. Erinnern Sie sich daran, wie wir darüber sprachen, eine Firma zu wählen, die wie ein vierbeiniges Pferd ist und ich sagte, dass das vierte Standbein eine starke Unterstützung sei?"

Dana sah ihre Unterlagen durch.

„Richtig! Hier steht es!" sagte sie.

„Diese Hotline, die wir Lonnie gerade empfohlen haben, ist nur ein kleiner Teil der Unterstützung, die wir von unserer Firma bekommen. Notieren Sie sich gleich mal den Titel eines Buches, das Sie unbedingt lesen sollten. Es heißt: „Wave 4: Network Marketing im 21sten Jahrhundert". Ich kenne den Autor: Richard Poe. Er beschreibt, wie die weltführende MLM-Firma – Richard nennt sie hier die „Wave 4-Company" – verschiedenste moderne Technologien einsetzt, um ihren Geschäftspartnern zu helfen, produktiver zu arbeiten und schneller erfolgreich zu sein. Sie haben sicher bemerkt, wie einfach wir Lonnies Fragen mit der Hotline beantworten konnten. Früher hätten wir vielleicht eine halbe Stunde am Telefon gesessen und Dinge erklärt, über die wir nicht richtig Bescheid wissen. Oder noch schlimmer: wir hätten vielleicht Stunden, Wochen oder gar Monate damit zugebracht, Produktexperten zu werden, um alle nur denkbaren Fragen beantworten zu können. Das kann einem das eigentliche Geschäft erheblich erschweren.

Und stellen Sie sich vor, wie viel schwieriger es wäre, Leute für dieses Geschäft zu begeistern, wenn sie hörten, dass sie erst studieren und alles über die Produkte lernen müssen – wie sie entwickelt wurden, was dieser und jener Inhaltsstoff macht und wo er wächst und jede Menge anderes Zeugs...“

Die Taschen-Lady ließ sich in ihren Stuhl zurücksinken und holte tief Luft.

„Mit der Info-Hotline hat Lonnie die Möglichkeit, sich selbst eine Antwort auf ihre Fragen zu holen, und zwar an der richtigen Stelle. Die Zeit, die wir dadurch gespart haben, können wir nutzen, andere Leute anzurufen und uns weiter um die Expansion unseres Geschäfts zu kümmern.

Aber bevor wir jetzt weiter machen, sollten Sie sich die Ansage auf der Hotline vielleicht selber einmal anhören.“ Das ließen sie sich nicht zweimal sagen. Dana wählte die Nummer und die Taschen-Lady reichte Linda das Zweittelefon.

Die Ansage verfehlte ihre Wirkung nicht. Beide Frauen begannen zu strahlen, während sie ihr zuhörten. Der Text war lebendig und positiv und enthielt viele kraftvolle Aussagen und informative Fakten. Es war eine professionelle Produktion und sie dauerte weniger als zehn Minuten.

„Klasse!“ rief Linda.

„Ja, ich wette Lonnie wird beeindruckt sein, selbst wenn noch nicht all ihre Fragen damit beantwortet sind.“

„Das ist richtig,“ stimmte die Taschen-Lady zu. „Wenn Menschen eine Menge Fragen stellen, heißt das nicht immer, dass sie auch auf alles eine Antwort haben wollen. Manchmal wollen sie nur eine Bestätigung dafür, eine gute Entscheidung getroffen zu haben. Was sie tatsächlich hören wollen, ist, dass die Firma einen guten Ruf hat, dass die Produkte Substanz haben und dass sie etwas bewirken. Habt ihr nicht auch den Eindruck, dass dieses Band überzeugender ist als alles, was wir dazu hätten sagen können?“

„Keine Frage!“ stimmte Dana zu.

„Und wie ich schon sagte,“ fügte die Lady hinzu, „für jeden, der gerade erst mit diesem Geschäft angefangen hat, wird es eine Weile dauern, bevor er sich kompetent genug fühlt, um alle Fragen selbst zu beantworten. Das kann am Anfang ziemlich hinderlich sein. Aber kleine Hilfsmittel wie diese Servicenummer, Telefonkonferenzen mit Ihrem Sponsor, Videobänder wie das, das Sie schon kennen und viele andere Dinge, über die wir noch gar nicht gesprochen haben, können Ihnen den Start sehr erleichtern."

„Das heißt, die Firma unterstützt uns sogar noch mehr?" wollte Linda wissen.

„Aber sicher! Sie kennen doch Menschen vom Typ: 'Ich glaube nur, was ich auch sehe'? Sie wissen schon, diese ewigen Skeptiker?"

„Leute wie mein Bruder...," warf Dana ein.

„Und noch viele andere! Nun, was glauben Sie, wie beeindruckt die wären, wenn sie den Chef der Firma selber treffen könnten? Oder wenn sie den Firmensitz besichtigen, Kontakt zu Geschäftspartnern im ganzen Land haben und von Produktexperten und den erfolgreichsten Leuten im Geschäft selbst lernen könnten?"

„Na, das wäre wohl jeder!" sagte Linda. „Aber es hört sich nicht gerade sehr praktikabel an. Ich meine..."

„Das war es auch nicht," unterbrach sie die Taschen-Lady „als es die Satellitentechnologie noch nicht gab. Aber jetzt können über unser Satellitennetzwerk Tausende von Menschen im ganzen Land an interaktiven Videokonferenzen teilnehmen und zwar bequem von zu Hause aus! Klingt das nicht gewaltig?!"

„Und wann und wo könnten wir so etwas mal sehen?" wollte Dana wissen.

„Wie wäre es nächsten Mittwochabend? Am besten gleich hier bei Ihnen! An Ihrer Stelle würde ich mir schon mal überlegen, wen man noch alles einladen könnte!"

Dana und Linda verschlug es für einen Moment die Sprache. Die Lady nutzte das, um fortzufahren:

„Außerdem hat unsere Firma natürlich auch das allerneueste Voice-Mail-System, mit dem man Tag für Tag über alles auf dem Laufenden gehalten wird, was sich im Lande tut. Einen Faxabruf, über den man sämtliche Literatur der Firma bestellen kann und sie dann Sekunden später in der Hand hält, anstatt wie bisher tagelang auf Post warten zu müssen. Und natürlich..."

Der Taschen-Lady fiel auf, dass ihre Schülerinnen jetzt doch ein wenig überfordert waren.

„Na gut," sagte sie und lehnte sich zurück. „Ich denke, Sie haben schon mal eine Idee... Wir werden später erneut auf die Firmenunterstützung zurückkommen.

Vielleicht machen wir jetzt einfach mit unseren Follow-up-Anrufen weiter.

Wie hieß noch mal Ihre Freundin, Linda, die Sie gestern mit zur Party gebracht haben" fragte die Taschen-Lady.

„Oh, das war Eve. Sie hat ein paar Proben mit nach Hause genommen. Mich würde interessieren, ob sie sie schon genommen hat."

„Wir könnten versuchen, das herauszufinden, oder?" Linda nickte zustimmend.

„Aber bevor wir sie anrufen, möchte ich Ihnen noch ein paar Dinge darüber sagen, wie man wirklich erfolgreiche 3-Wege-Gespräche führt. Ich möchte, dass Sie sich immer vor Augen halten, dass Sie zwei sehr kraftvolle Geschäftswerkzeuge haben, die sonst niemand besitzt, und das, obwohl Sie gerade erst anfangen."

Linda schaute ungläubig. Was konnte das wohl sein?

„Das erste Werkzeug heißt: 'Was passiert jetzt gerade mit mir?' und das zweite: 'Wie fühle ich mich damit?' Ich will Ihnen das erklären.

Linda: Sie haben gestern die Produkte zum ersten Mal probiert, stimmt es?"

„Richtig".

„Und Sie haben auch gerade erst von den Geschäftsmöglichkeiten erfahren. Also – wie geht es Ihnen jetzt damit?" Linda dachte einen Moment nach.

„Nun, ich fühle mich fantastisch. Und dass das Produkt wirkt, wusste ich schon, als ich gestern hier wegging..."

„Und wie viele andere Menschen haben infolgedessen innerhalb der letzten 24 Stunden damit begonnen, ebenfalls diese Produkte zu nehmen?"

„Wenn ich meine Kinder mitzähle, vier..."

„Und was brachte Sie auf die Idee, sich auf dieses Geschäft einzulassen?" fragte die Lady weiter.

„Ich habe Ihnen ja schon erzählt, wie sehr mir mein Job auf die Nerven geht und dass ich schon immer mein eigenes Geschäft haben wollte. Aber ich glaube, was mich wirklich überzeugt hat, war, wie Sie Dana gestern am Ende der Party das Geld ausgezahlt haben."

„Und was haben Sie seitdem dafür getan?"

„Ich habe einige meiner Freunde angerufen und sie kommen heute Abend zu meiner Party," sagte Linda voller Stolz.

„Dann lassen Sie uns mal zusammenfassen, was in den letzten 24 Stunden alles passiert ist:

Sie haben einige wundervolle neue Produkte kennen gelernt, zu denen Sie ein gutes Gefühl haben. Sie haben erfahren, dass Sie damit Geld verdienen können, wenn Sie anderen Leuten davon erzählen. Sie haben daraufhin beschlossen, sich auf dieses Geschäft einzulassen. Und heute Abend kommen Leute zu Ihnen. Stimmt das so ungefähr?"

Linda strahlte über beide Ohren.

„Nun sagen Sie nicht, dass Sie davon nicht ziemlich begeistert sind, Linda."

„Und wie! Ich kann gar nicht glauben, wie schnell das alles geht!" antwortete Linda stolz.

„Eben. Das ist eine ziemlich heiße Geschichte, wenn Sie mich fragen. Und wenn Sie jetzt Eve anrufen, sollte sie das auch mitbekommen. Lassen Sie sie Ihren Stolz und Ihre Aufregung spüren! Lassen Sie sie hören, wie begeistert Sie sind! Es gibt nichts Attraktiveres als Begeisterung. Das ist das, was Ihnen die Leute wirklich abnehmen – nicht das Produkt oder die Geschäftsidee, sondern die Gefühle! Sind Sie bereit?"

Linda nickte und mit großem Eifer wählte sie die Nummer.

Es wurde ein sehr schönes Gespräch und Lindas Begeisterung war tatsächlich ansteckend. Eve hatte ihre Muster schon getestet und wollte gleich eine Monatspackung bestellen.

An dieser Stelle griff die Taschen-Lady wieder in das Gespräch ein:

„Wissen Sie, Eve, ich habe mir gerade etwas überlegt. Anstatt darauf zu warten, dass die Firma Ihnen die Produkte schickt, könnten Sie heute Abend zu Lindas Party kommen und sie sich gleich mitnehmen. Und ich habe sogar noch eine bessere Idee: Wie wäre es, wenn Sie sie umsonst bekommen könnten?"

Eve klang ungläubig, hatte aber schon angebissen. „Ja, natürlich, aber... was müsste ich denn dafür tun?"

„Es ist ein spezielles Werbeangebot für die Party heute Abend. Sie kennen doch sicher noch Leute, die wie Sie abnehmen oder einfach gesünder sein und mehr Energie haben wollen?"

„Ja," antwortete Eve.

„Gut! Wenn Sie heute Abend fünf Leute mitbringen, die mit dem gleichen Programm beginnen wollen wie Sie, erhalten Sie Ihre Produkte kostenlos. Ich erkläre Ihnen, wie das funktioniert."

Die Taschen-Lady war offenbar in Hochform.

„Für jeden, der etwas kauft, erhalten Sie 20% Rabatt auf Ihren eigenen Einkauf. Bei fünf Leuten sind das hundert Prozent. Das ist ein anderes Wort für kostenlos!

Ich weiß, das kommt ziemlich kurzfristig, Eve. Wenn Sie die fünf Leute nicht bis heute Abend zusammen bekommen, können wir sie auch morgen noch anrufen. Wie hört sich das an?"

„Das hört sich nach einem guten Angebot an! Ich weiß jetzt schon mindestens eine Person, die auf jeden Fall mitkommt. Ich werde sie sofort anrufen. Bis heute Abend!"

Linda legte ihren Hörer mit einem leicht verwirrten Blick auf.

„Was war denn das jetzt wieder?" fragte sie irritiert.

„Das war eine Schnell-Starthilfe für Ihr eigenes Geschäft, Linda. Sie machen Eve einfach zu einer Gewinnerin. Im Moment möchte sie ihre Produkte kostenlos oder mit einem möglichst großen Rabatt bekommen. Aber lassen Sie sie heute Abend erst einmal den größeren Zusammenhang sehen. Wenn die Leute, die sie zur Party mitbringt, dann ebenfalls anfangen, Ergebnisse zu erzielen und anderen Leuten davon zu erzählen, wird ihr sicherlich schnell klar werden, dass sie Geld verschenkt, wenn sie sich nicht sofort auf diese Geschäftsmöglichkeit einlässt.

Natürlich wird Ihr Unternehmen auch so gedeihen, ob Eve nun dabei ist oder nicht," fuhr die Taschen-Lady fort. „Aber wenn ich nicht wirklich völlig daneben liege, könnte ich mit Ihnen wetten, dass Sie soeben Ihren ersten Geschäftspartner rekrutiert haben. Sie weiß es nur noch nicht!"

Die Taschen-Lady klopfte Linda mit einem aufbauenden Lächeln auf die Schulter.

In Danas Gesichtsausdruck spiegelte sich mittlerweile eine Mischung aus Freude und Verwirrung. „Aber wie funktioniert denn das alles, mit dem Geld, meine ich?" wollte Dana wissen.

„Das werde ich Ihnen heute Abend im Anschluss an die Party ganz genau erklären. Es ist sinnvoller, das zu tun, wenn wir konkrete Zahlen haben, mit denen wir arbeiten können. Grundsätzlich ist es aber so, dass jede von uns am gesamten Umsatz des Abends ihren Teil verdient. Eve zum Beispiel erhält 20% Provision darauf, was ihre Gäste ausgeben, und wir rechnen das auf ihre Produkte an. Auch Linda wird eine Provision erhalten, und zwar auf alle Verkäufe des Abends einschließlich einer Provision für jeden, den Eve für die Produkte begeistern kann. Dana wiederum wird an allen Einnahmen von Linda und Eve beteiligt. Und ich verdiene an Ihnen allen! Das ist das Schöne am Network-Marketing: Ich verdiene nicht nur daran, dass ich Dana beibringe, wie das Geschäft funktioniert, sondern auch daran, dass Dana es weitergibt an Linda, die wiederum Eve anlernt und so weiter und so fort. Ist das nicht ein wunderbares Konzept?"

„Es ist erstaunlich...," gab Dana zurück. „Ich habe noch nie einen Boss gehabt, der so interessiert daran sein musste, mir beim Geldverdienen zu helfen."

„Wenn wir weiterhin zusammenarbeiten, werden Sie nie wieder irgendjemanden „Boss" nennen!" frohlockte die Lady.

Linda fiel plötzlich auf, dass die Stunde schon vorbei war und holte ihren Dreijährigen, um sich zu verabschieden.

„Mickey und ich sind heute Abend um 7 Uhr zurück und bringen den Babysitter mit!"

„Bis bald," rief Dana ihrer Freundin nach und lief in die Küche.

„Hmmm, Abendessen," dachte sie während sie finster den spärlichen Inhalt ihrer Vorratskammer begutachtete. Sie hatte den Weg zum Supermarkt in den letzten Tagen immer wieder verschoben , weil die überfälligen Alimente noch nicht eingetroffen waren.

„Na, das wird eine Herausforderung," dachte sie und fing an, an der Rückseite des oberen Regals herumzutasten, weil sie dort noch eine Dose Thunfisch vermutete. Plötzlich fiel etwas mit einem dumpfen Knall aus dem Regal zu Boden. Dana trat zurück, um zu sehen, was es war. Eine weiße Papiertüte in der Größe eines Ziegelsteins lag mit der Schrift nach oben auf dem Boden. Auf der Vorderseite war eine fabelhaft lockere Sahnetorte abgebildet. Dana musste an das Beispiel mit dem Kuchen denken, der zusammengefallen aus dem Ofen gekommen war, weil etwas fehlte.

Und da stand in großen roten Buchstaben, direkt über dem Bild:

„Selbsttreibendes Mehl"

- Kapitel 8 -

Alles in der Tasche!

Die Taschen-Lady nutzte die nächsten beiden Stunden für Anrufe und – über das Voice-Mail-System ihrer Firma – für die Kontaktpflege zu ihren Geschäftspartnern. Hin und wieder spielte sie Dana eine besonders inspirierende Nachricht oder einen dramatischen Erlebnisbericht vor. Davon abgesehen war es für Dana aber auch schon lehrreich, zu beobachten, wie professionell die Lady die Voice-Mail nutzte, um ihr über den ganzen Kontinent verteiltes Unternehmen zu managen. Sie begriff langsam, wie wichtig dieses Instrument war.

Die Zeit verging wie im Flug. Kaum hatten Katie und Kevin Bad und Abendessen hinter sich, standen auch schon Linda, Mickey und die Babysitterin Becky vor der Tür. Nach einer kurzen Vorstellungsrunde und ein paar Anweisungen waren Dana, Linda und die Taschen-Lady auch schon auf dem Weg zu Lindas Haus ein paar Straßenzüge weiter.

Zwischendurch hatten sie eine große „Partytasche" und einen kleinen Plastikkoffer, der oben mit einem interessanten Griff versehen war, aus dem Kofferraum des Autos der Lady geholt. Dana hatte sie schon am Vortag auf ihrer Party gesehen, sie aber wegen dem Trubel und der vielen neuen Eindrücke nicht groß zur Kenntnis genommen. Nun aber, bei Linda angekommen, war sie neugierig und fragte, wofür sie gut seien.

„Gut, dass Sie fragen," gab die Lady zur Antwort. „Sie beide werden nämlich ab morgen etwas Vergleichbares für sich selbst zusammenstellen müssen. Das sind unentbehrliche Arbeitsmittel. Ich fahre ohne sie nirgendwo hin. Diese große hier," sagte sie und hob die überdimensionale Nylontasche über die Schulter wie ein Athlet, „nenne ich meine 'Geschäftstasche'. Da ist alles drin, was ich für Parties oder andere Meetings brauche." Sie hob den riesigen, lavendelfarbenen Sack auf einen Stuhl und schnürte ihn auf.

„Wenn ich z.B. einen Anruf von einem Geschäftspartner bekomme, für den ich wegen einem Notfall in einer halben Stunde auf einer Verkaufsparty am anderen Ende der Stadt einspringen muss, habe ich immer schon alles beisammen, was ich brauche und bin innerhalb von fünf Minuten unterwegs – auf zum Tanz! Wenn ich mir im Schönheitssalon die Nägel machen lasse und die anderen Kundinnen fangen an, mich über meine Produkte zu befragen, kann ich an Ort und Stelle eine Verkaufsveranstaltung machen.

Sie müssen wie jemand denken, der eine Brezelbude aufmacht – würden Sie nicht dafür sorgen, immer genügend Brezeln vorrätig zu haben – und Kaffee dazu?

Es ist wichtig, immer gerüstet zu sein. Keine Zeit zu verschwenden und keine Gelegenheit verstreichen zu lassen. Ratz fatz."

Dana und Linda saßen am Küchentisch und die Lady führte ihnen den Inhalt der Tasche vor, ein Stück nach dem anderen, während sie es auspackte und für die bevorstehende Veranstaltung aufstellte.

Sie hatte einen kleinen Vorrat, vor allem der beliebtesten Produkte, die sie auf einem Seidenschal aus der Tasche ansprechend aufbaute. Dazu kam eine Auswahl von Proben und Warenmustern, die sie verschenken oder verkaufen konnte. Auch das Firmenvideo, das sie jetzt schon einige Male gesehen hatten, befand sich in der Tasche.

Anschließend holte die Lady ein schwarzes Gerät in der Größe einer Zigarettenschachtel aus der Tasche, um das zwei lange Kabel gewickelt waren. „Wo ist das nächste Telefon?," erkundigte sich die Lady. Sie wickelte eins der beiden Kabel ab, steckte es in eine Buchse an der Rückseite des Telefons und das andere in einen Anschluss in der Wand.

Die beiden Frauen staunten.

„Ich weiß, das sieht nicht gerade spektakulär aus, aber dieses kleine Ding da, meine Damen, ist mein fliegender Teppich. Es ist zwar nur eine kleine Sprechanlage, aber warten Sie ab, was passieren wird, wenn wir sie benutzen. Sie wird Leute aus aller Herren Länder zur Party bringen!" versprach die Taschen-Lady.

Es gab noch ein paar Kleinigkeiten in der Tasche, die sie diesmal nicht benötigte, aber dennoch kurz vorführte. Ein paar bunte Luftballons in den Firmenfarben, eine große Flagge mit dem Firmenlogo, selbstklebende Namensschilder und Etiketten, Aufnahmeformulare – alles Sachen, die sie für offizielle Anlässe brauchte, um ihnen einen professionellen Anstrich zu geben.

Für die Hausparties verwendete die Lady lieber nichts, was die Sache umständ-licher machen würde als unbedingt nötig.

„Es ist wichtig," erklärte sie, „dass alles so einfach und leicht aussieht wie möglich, damit man sieht, dass dies ein einfaches Geschäft ist, das fast jeder an fast jedem Ort betreiben kann. Und weniger ist oft mehr!" brachte sie es auf den Punkt.

Jetzt war der kleine Plastikkoffer dran.

„Das ist mein Aktenordner für unterwegs, mein mobiles Büro. Er enthält alle wichtigen Unterlagen," erklärte die Taschen-Lady, „und hilft mir, immer gut organisiert zu sein: Kataloge, Broschüren, Bestell – und Antragsformulare, – solche Sachen. Es ist wichtig, diese Unterlagen immer sauber und ordentlich beisammen zu haben – ohne Eselsohren und knitterfrei! Es muss einfach professionell aussehen.

Und, was noch wichtiger ist: Sie müssen alles, was Sie brauchen, jederzeit griffbereit haben, ohne lange suchen zu müssen, denn sonst stehlen Sie dem Kunden seine wertvolle Zeit," betonte die Lady. „Außerdem werden Sie bald merken, dass Sie genug anderes zu tun haben und Sie sich keine Zeitverschwendung erlauben können.

Und genau nur darum geht es: Nur wer Ordnung hält, kann sich mit den wirklich wichtigen Dingen beschäftigen – zum Beispiel damit, wie Sie das ganze Geld wieder ausgeben können, das Sie verdienen werden," scherzte die Lady.

Sie öffnete den Plastikkoffer und zeigte ihnen, wie sie alles in sauber beschrifteten Hängeordnern untergebracht hatte.

„Ich mag am liebsten bunte, lustige Ordner, weil das dem Gefühl entspricht, das ich zu meinem Geschäft habe. Ich weiß nicht, wie es Ihnen da geht, aber ich sehe mich einfach nicht in beige oder olivgrün... Aber egal, wie es bei Ihnen letztlich aussehen wird: Sorgen Sie dafür, dass es Ihnen gefällt. Sie werden es oft genug vor Augen haben!"

„Ich mag den extravaganten Griff an Ihrem Koffer. Sieht ziemlich teuer aus...," sagte Linda.

„Keine zehn Dollar und in jedem Schreibwarenhandel zu bekommen. Das ist keine große Investition, wenn Sie bedenken, dass Sie im Grunde genommen Ihr gesamtes Geschäft damit herumtragen!"

„Und jetzt brauchen Sie nur noch eine weitere Tasche, damit Sie wirklich business-tauglich sind."

„Lassen Sie mich raten," wagte Dana. „Es muss diese große schwarze sein, die sie ständig mit sich herumtragen. Da scheinen Sie ja wirklich alles drin zu haben, was sie brauchen, außer einem Mixer."

„Sie haben es erraten. Ich gehe nirgends hin, ohne sie mitzunehmen... Warum auch? Wenn ich morgens zu meiner Goldmine aufbreche, will ich immer alles dabei haben, was ich fürs Goldgräber-Business brauche – den richtigen Helm und so weiter...

Allerdings habe ich den Helm nicht wirklich auf dem Kopf – er ist in mir, in meinem Geist. Ich stelle ihn mir mit einem kleinen Scheinwerfer vor, wie bei den Bergleuten. Egal, wohin ich dann meinen Kopf drehe – ich schicke immer einen Lichtstrahl vor mir her, immer genau in die Richtung, in die ich schaue.

Dieser Scheinwerfer ist meine positive Erwartungshaltung.

Was immer ich anschaue, ich sehe die Möglichkeiten, die darin liegen. Ich sehe Größe, die darauf wartet, entdeckt zu werden. Ich erwarte immer das Beste – und, meine Lieben, genau deshalb bekomme ich es auch!

Was ich sonst an Werkzeugen brauche, um eine perfekte Goldgräberin zu sein, ist alles in der Tasche. Einfache Dinge wie Produktkataloge, Visitenkarten, Muster mit meiner Telefonnummer darauf, die Vorher/Nachher-Bilder...

Aber das Allerwichtigste ist – meine Präsentationsmappe.

Sie hielt ein weißes Ringbuch hoch. Auf der Vorderseite befand sich eine Klarsichthülle als Deckblatt. Die Lady hatte einen bunten Flyer hineingesteckt, auf dem unter anderem ihre Vorher/Nachher-Bilder abgebildet waren.

„Oh ja," erinnerte sich Dana, „dieses Buch haben Sie einigen Leuten gezeigt, denen wir das Video vorgeführt haben."

„Richtig. Für mich ist es mein 'Geschichtenbuch'. Ich habe gelegentlich davon gesprochen, dass wir in diesem Geschäft alle fürs Geschichtenerzählen bezahlt werden.

Eigentlich dreht sich alles darum, Geschichten zu erzählen – ob es nun deine eigene ist oder die von anderen. Und in diesem Buch stehen alle meine Lieblingsgeschichten."

Die Lady blätterte in dem Ordner herum, so dass Dana und Linda einen Eindruck vom Inhalt bekamen. Es waren überwiegend Klarsichthüllen, in die sie alles mögliche hineingesteckt hatte: Vorher/Nachher-Bilder von Leuten, die sie kannte, Erfolgsgeschichten, die sie aus dem Firmenmagazin ausgeschnitten hatte, Artikel aus bekannten Zeitungen und Magazinen, Produktbroschüren, Gebrauchsanweisungen etc.

Sie verwendete farbige Trennblätter, um die einzelnen Themen zu unterteilen: Produktergebnisse, Geschäftsmöglichkeit, Unterstützungssysteme und allgemeine Informationen. Unter der Rubrik 'Unterstützungssysteme' konnte man die über-regionalen und lokalen Trainingsprogramme finden, Informationen über das Voice-Mail-System der Firma und das Satellitennetzwerk, Ankündigungen von Firmenveranstaltungen und anderes mehr.

„Sie haben ja wirklich nichts ausgelassen! So etwas muss ich mir unbedingt auch zulegen," rief Linda aus.

„Genau das werden Sie auch tun. Wie ich schon sagte: Das sind alles Ihre Werkzeuge, und Sie werden ganz unterschiedliche Werkzeuge brauchen, um Kontakt zu unterschiedlichen Menschen aufzunehmen," sagte die Taschen-Lady.

Linda und Dana sahen sie verständnislos an, was sie nicht anders erwartet hatte.

„Ich möchte Ihnen eine einfache Frage stellen. Wenn ich Ihnen etwas beibringen möchte, wie prägt sich Ihnen das wohl optimal ein: Wenn Sie es hören, etwas darüber lesen, es sehen oder wenn Sie es direkt erfahren?"

Die beiden Frauen dachten einen Moment nach.

„Aus irgendeinem Grund," begann Dana, „scheine ich Informationen besser aufzunehmen, wenn ich sie in einem Buch lese oder in der Zeitung oder sonst wo. Und ich erinnere mich besser an etwas, wenn ich es mit meinen eigenen Augen gesehen habe."

„Ich erinnere mich daran," fuhr Linda fort, „wie ich zum ersten Mal etwas über dieses Geschäft erfahren habe. Es war am Telefon und ich verstand gerade genug, um zu wissen, dass es mich interessierte. Aber so richtig begriffen habe ich es erst, als ich es auf Danas Party selbst erlebt habe. Da wusste ich, dass ich dabei sein wollte".

„Genau das meine ich," erklärte die Taschen-Lady. „Verschiedene Menschen nehmen Informationen auf unterschiedliche Art und Weise auf. Einige sind eher verbal orientiert, andere mehr gefühlsmäßig und wieder andere erfahrungsbezogen.

Die Bereitschaft, etwas zu glauben, ist ein anderer, wichtiger Aspekt. Manche Menschen lassen sich durch Aussagen von Experten oder Leuten, die sie kennen, ganz schnell überzeugen. Andere jedoch trauen grundsätzlich nur der eigenen Wahrnehmung.

Ihre Werkzeugpalette muss also für jeden Typ etwas bereithalten.

Wir haben also Firmenliteratur und Veröffentlichungen aller Art für Leute, die lieber etwas über die Dinge lesen. Für diejenigen, die lieber etwas sehen oder hören, haben wir illustrierte Geschichten von realen Menschen und Erfahrungsberichte – zum Beispiel auf unserem Video.

Und für die erfahrungsorientierten Typen gibt es Proben und Warenmuster, mit denen sie sofort die Wirkung am eigenen Leib erfahren können. Außerdem haben wir die Möglichkeit, sie zu einer Verkaufsparty einzuladen, auf der sie das Geschäft ganz praktisch erleben können, oder zu einer Satellitenübertragung oder zu anderen Firmenveranstaltungen. Sie können unsere Voice-Mail anhören oder einen Drei-Wege-Anruf mit uns machen – sehen Sie was ich meine? Ist Ihnen übrigens aufgefallen, was ich gerade gesagt habe?"

„Sie sagten, 'sehen Sie, was ich meine'? Das könnte bedeuten, dass Sie eher zu den visuell orientierten Leuten gehören – richtig?" vermutete Dana.

„Exakt!" Die Lady lächelte, hocherfreut über ihre wache Schülerin.

„Wovon Sie jetzt sprechen ist genau das, was wir heute Nachmittag am Telefon geübt haben," schoss es Linda durch den Kopf. „Sie haben mich erfahren lassen, wie es sich anfühlt, indem Sie mich einfach machen ließen..."

„Bingo!" sagte die Lady anerkennend. Ihre Schülerinnen waren beide nicht auf den Kopf gefallen, dachte sie.

„Merken Sie sich das gut: Ich habe Ihnen nicht nur gesagt, was zu tun ist, ich habe es Ihnen auch gezeigt und vorgeführt. Wir haben es zusammen geübt. Sie mussten einmal erfahren, wie es sich anfühlt, wenn man es richtig macht, damit Sie später, wenn Sie auf sich selbst gestellt sind, wieder zu dem gleichen Gefühl zurückfinden können. Nur so sind Sie in der Lage, es auch wirklich an andere weiterzugeben – und los mit der Vervielfältigung!"

„Jetzt wird mir langsam alles klar. Sie haben alle Werkzeuge an uns ausprobiert. Und deshalb spielte es tatsächlich keine Rolle, ob wir etwas gleich verstanden haben oder nicht – es gab letztlich keine Chance, es nicht zu begreifen – auf die eine oder andere Art," lachte Dana.

„Also, was sagt Ihnen das...?"

„Dass man alle seine Werkzeuge parat haben muss – immer und jederzeit!"

„Ich bin heute in New York, eine halbe Weltreise von zu Hause entfernt, aber meine Firma ist immer dabei. Wenn ich meine Werkzeuge greifbar habe, kann ich immer sehr individuell agieren, statt mich in Allgemeinplätzen zu verlieren...

„Hey, ich hoffe, dass wir fertig sind. Ich glaube, ich höre Nadias Stimme im Flur," rief Linda. „Schnell, die Musik!" flüsterte Dana und spurtete zur Stereoanlage. Sie hatte vergessen, die Kassette zurückzuspulen und wusste nicht, welches Lied auf der Lieblingskassette der Lady als nächstes kommen würde. Egal, dachte sie, und drückte die Abspieltaste.

Augenblicklich füllte sich der Raum mit den aufputschenden Rhythmen der Pointer Sisters. Das war ansteckend. Dana und die Lady begannen zu tanzen. Linda ging zur Tür. Sie bewegte ihren Kopf im Takt zur Musik und sang den Text mit:

„I´m so excited!
And I just can´t hide it...“
(Ich bin so aufgeregt und kann es vor niemandem verbergen...)

- Kapitel 9 -

Auf ins Geschäft!

Innerhalb kürzester Zeit war der Raum erfüllt von fröhlichem Geplauder und geschäftigem Treiben.

Eve strahlte und war stolz, gleich eine ganze Gruppe anzuführen. Sie war von einem Kreis ihrer Freunde umgeben, die neugierig genug gewesen waren, ihre Einladung anzunehmen. Linda – ganz Gastgeberin – begrüßte die Gäste begeistert und stellte sie einander vor. Alles in allem waren 23 Menschen in Linda´s Wohnzimmer zusammengekommen!

Die Party begann wie die bei Dana am Vortag. Die Lady übernahm den Auftakt, erzählte erst ein wenig über ihre Firma und kündigte dann das Video an. Anschließend gab es diesmal gleich drei persönliche Erfahrungsberichte: Dana, Linda und die Lady selber gaben ihre Erlebnisse zum Besten.

Dann wurde es noch spannender.

Die Taschen-Lady postierte sich in der Nähe der Sprechanlage und wandte sich feierlich an die versammelten Gäste.

„Sie haben jetzt von den wundervollen Erfahrungen gehört, die einige Menschen hier in diesem Raum hatten. Aber Sie sollten auch wissen, dass unser Geschäft derzeit überall explodiert und dass die Begeisterung, die wir hier erlebt haben, sich im ganzen Land ausbreitet. Um Ihnen das zu zeigen, werden wir uns jetzt in eine Party einklinken, die gerade in Chicago stattfindet. Mal hören, was dort gerade passiert.".

Die Lady wählte über ihre Telefonkarte eine Nummer.

„Ach, übrigens," sagte sie wie nebenbei, während sie auf die Verbindung wartete, „unsere Firma hat auch ein fantastisches System für verbilligte Ferngespräche im Angebot, mit dem Sie 30 bis 40 Prozent der Kosten sparen können. Dazu erhalten Sie eine kostenlose Telefonkarte."

Sie hielt ihre Karte kurz hoch, damit jeder sie sehen konnte, und steckte sie anschließend wieder in ihre Tasche. Wieder ein paar Samen gesät...

Sie hatte jetzt eine Verbindung.

„Hallo, guten Abend, könnte ich vielleicht mit Terry sprechen? Sagen Sie ihr, die Taschen-Lady ruft aus New York an!" Alle im Raum wurden still vor freudiger Erwartung.

„Hi, Terry! grüßte die Lady. „Wie läuft die Party?" Das Lächeln auf ihrem Gesicht zeigte Terrys freundliche Antwort.

„Terry, ich bin hier bei Linda in New York," verkündete die Lady und ließ ihren Blick durch den Raum schweifen. „Hier sind 23 Leute, die gerne ein paar Minuten Ihre Gäste wären. Sie wollen hören, was bei Ihnen so los ist. Darf ich Sie auf den Lautsprecher stellen?"

Terry war wohl einverstanden, denn die Lady drückte jetzt einen Knopf an der Sprechanlage und lebhafte Partygeräusche ertönten in Lindas Wohnzimmer.

„Hi, New York!" Die ganze Gruppe in Chicago schmetterte einen fröhlichen Gruß über die Sprechanlage. Dann legte die dortige Gastgeberin los: „Hi, mein Name ist Terry, und ich war schon lange nicht mehr so aufgeregt...." Sie erzählte atemlos, aber prägnant, wie und warum sie mit den Produkten angefangen hatte, was sie bisher erreicht und was sich seitdem in ihrem Leben verändert hatte.

Zwischendurch hörte man immer wieder das fröhliche Jubeln der ganzen Gruppe in Chicago, die offenbar ebenso begeistert war wie die Sprecherin.

„Und ich habe gerade erst angefangen!" fügte Terry hinzu.

Ein lautes Hurra ertönte aus dem Raum.

Linda beobachtete, wie fasziniert die meisten ihrer Gäste waren und wie sie bei jedem „Hurra" aus Chicago spontan mitgingen und lächelten. Die Begeisterung wurde langsam ansteckend.

„Bei uns sind heute Abend 18 Leute," fuhr Terry fort, „und es gibt ein paar unglaubliche Geschichten hier. Ich möchte, dass Sie ein paar meiner Freunde kennen lernen..."

Anscheinend hatte Terry das Telefon weitergereicht. Eine männliche Stimme ertönte: „Hallo, ich bin Bill!"

Bill gelang es, seinen beeindruckenden Bericht in angenehm kurze, dennoch kraftvolle 30 Sekunden zu packen. Es gab einen wilden Applaus. Gleich danach kam eine Frau namens Melissa ans Telefon und erzählte eine andere, mitreißende Geschichte und dann folgten in kurzen Abständen acht weitere Personen. Jede erhielt einen begeisterten Applaus. Dann war Terry wieder am Apparat.

„Hi, ihr da draußen, hier geht echt die Post ab....!" rief Terry. Im Hintergrund brach wieder Jubel aus.

„Jetzt möchten wir gerne hören, was bei Ihnen in New York los ist!"

Die Lady rückte näher an die Sprechanlage heran.

Mit ungekünstelter Begeisterung stellte sie Linda vor. Obwohl sie ein wenig nervös war, ergriff sie die Gelegenheit beim Schopf, ihre Geschichte genauso begeistert zu erzählen, mit der sie schon am Nachmittag im Beisein der Lady mehrmals brilliert hatte.

Die Lady ermutigte alle im Raum, Linda zu applaudieren und die Leute waren dankbar, auf diese Weise die Begeisterung teilen zu können. Linda strahlte und trat zur Seite und überließ Dana ihren Platz.

Dana erzählte ihre Geschichte und diesmal musste niemand mehr zu einem Applaus ermutigt werden. Alle wurden jetzt völlig mitgerissen.

Nun übernahm die Taschen-Lady das Telefon wieder, um der Gruppe in Chicago ihre eigene Geschichte zu erzählen. Als erfahrene Geschäftsfrau und Trainerin hatte sie gelernt, die Stimmung einer Gruppe genau zu erfassen und ihr Repertoire entsprechend anzupassen. So konzentrierte sie sich diesmal auf einen ganz anderen Aspekt ihrer Laufbahn innerhalb ihrer Firma.

„Viele von Ihnen kennen mich bereits und auch meinen Weg von der armen Kirchenmaus zur Millionärin. Und ich brauche Ihnen auch nicht mehr zu erzählen, wie ich meine 60 Pfund und zwei Tassen Kaffee pro Tag losgeworden bin und wie aus mir eine der bestverdienenden Frauen dieser Branche wurde. Deshalb möchte ich heute Abend einen anderen Teil meiner Geschichte erzählen.

Eines Tages bat mein Mann mich, mein schönsten Sachen anzuziehen, weil wir zu einer Veranstaltung in einem noblen Hotel eingeladen worden waren. Ich zog ein schickes schulterfreies Kleid und Stöckelschuhe an, steckte mir Oleanderblüten ins Haar und wir gingen los. Ich hatte keine Ahnung, was mich erwartete. Wir kamen in einen riesigen Saal, in dem mindestens 300 Leute waren und tanzten Walzer. Es schien sich um eine ziemlich große Versammlung zu handeln...

Und dann kam so ein Kerl – in karierten Polyesterhosen und braunem Jackett aus Wildlederimitat mit weißen Stickereien gespickt – und erzählte, wir könnten 28.000 Dollar im Monat verdienen!

Ich bin in New York aufgewachsen und unterrichtete damals seit zehn Jahren

Erstklässler in Brooklyn. Ich hatte nie zuvor in meinem Leben mehr als 1000 Dollar im Monat verdient. Die Zahlen, mit denen er mich bombardierte, kamen mir absurd vor!

Ich sagte also zu meinem Mann: „Hör zu Liebling, die Brooklyn-Brücke wurde schon zehn Mal verkauft! Wozu seine Zeit mit diesem Schwachsinn verschwenden?"

Aber er wollte es gern probieren und bat mich, ihn ein halbes Jahr lang dabei zu unterstützen – nicht mehr... „Okay," sagte ich, „aber keinen Tag länger."

Er arbeitete Tag und Nacht, sieben Tage die Woche. Ich bekam ihn fast nicht mehr zu Gesicht. Einen Monat später kam ein Scheck – und es waren gerade mal 100 Dollar! Ich rief meinen Vater weinend an, und er sagte, Geh ihm nach, er hat bestimmt eine Freundin!'

Aber ich hielt mein Versprechen. Nach zwei Monaten kam der nächste Scheck – es waren etwa 300 Dollar. Er deckte nicht mal unsere Kosten, aber – ich sagte nichts. Im dritten Monat waren es dann 500 Dollar. Auch nicht so toll, aber es ging zumindest in die richtige Richtung. Im vierten Monat kam er dann auf 1100 Dollar, dann schnellte er hoch auf 2200 Dollar und am Ende erhielt Bill einen Scheck über 3800 Dollar!

Plötzlich wachte ich auf und wurde kreativ. Ich sagte also: Schatz, ich könnte dir eigentlich ein kleines Trainingsprogramm schreiben, dann musst du dich nicht ständig wiederholen und die Leute begreifen alles vielleicht ein bisschen schneller. Und wir könnten ein nettes, kleines Handbuch verfassen, so wie ich es für meine Erstklässler immer mache, und es als Lernhilfe einsetzen... Und wissen Sie was? Nach weiteren 90 Tagen war unser Scheck schon doppelt so hoch. Als wir den ersten Scheck über mehr als 7000 Dollar erhielten, ist mir einiges klar geworden – und zwar folgendes:

Erstens: Ich hatte das Spiel begriffen. Ich lernte, meine Ziele fest ins Auge zu fassen, mit Klarheit und Konzentration, und sie dann mit erbarmungsloser, leidenschaftlicher Hingabe zu verfolgen. Keine Ausreden mehr. Keine Ablenkung im Schlussverkauf bei Bloomingdales. Ich verstand plötzlich, dass es in diesem Leben nur Ursachen und Wirkungen gibt – und die Ursachen findest du nicht auf dem Bankkonto.

Als Nächstes begriff ich, dass es möglich ist, Ziele neu zu definieren. Wenn du ein Armutsbewusstsein hast, kommen dir 28.000 Dollar pro Monat völlig unerreichbar vor, wie ein unmöglicher Traum. Aber das ist in diesem Stadium völlig in Ordnung. Du musst ja nicht mit großen Zielen beginnen – es sollten bloß deine Ziele sein.

Du musst in der Lage sein, sie vor dir zu sehen, so als ob du sie bereits erreicht hättest, du musst dir diese Vision zu eigen machen und sie immer klar vor Augen haben.

Wenn du einmal deine ersten Ziele erreicht hast, kannst du dir neue stecken. Ob du an deiner Persönlichkeit arbeiten oder reich werden möchtest – oder beides: Du musst daran glauben, wenn es wahr werden soll. Wenn du es erst einmal glauben und vor dir sehen kannst, ist alles möglich!

Und jede einzelne Geschichte, die wir heute gehört haben – sowohl in Chicago als auch in New York – ist ein lebendiger Beweis dafür, dass ich die Wahrheit sage!

Ich gratuliere Ihnen allen also von ganzem Herzen zu Ihren unglaublichen Erfolgen!

Und allen, die gerade erst anfangen, möchte ich sagen: Sie haben eine wundervolle Reise vor sich – genießen Sie sie!"

Nach dieser Ansprache gab es auf beiden Seiten Jubel.

Als Lindas Partygäste langsam wieder etwas ruhiger wurden, sah die Taschen-Lady die ganze Gruppe an und erklärte mit einem breiten, überwältigenden Lächeln:

„Okay, jetzt möchte ich von Ihnen wissen: Wer von Ihnen möchte solche Resultate erzielen wie die, von denen wir heute Abend gehört haben – und wer von Ihnen möchte Geld verdienen?"

Eine Stunde rastloser Geschäftigkeit brach an und verflog mit rasender Geschwindigkeit. Als die letzten Gäste schließlich gegangen waren, war nur noch Eve übrig. Irgendwann in der letzten halben Stunde hatte sie ihr Antragsformular als Geschäftspartnerin ausgefüllt. Die ersten Kunden in ihrem neuen Geschäft waren die drei Freunde, die sie zur Party mitgebracht hatte, und zwei weitere, die nicht persönlich hatten kommen können. Sie hatte sie noch während der Party angerufen und beide hatten ihre Bestellung gleich am Telefon aufgegeben. Außerdem hatte Eve schon eine Verkaufsparty bei einem ihrer neuen Kunden arrangiert.

Linda sank mit einem zufriedenen Seufzer aufs Sofa, und Dana und die Lady prosteten ihr mit einer dampfenden Tasse Tee zu. „Tolle Party, Linda!" lobte Dana.

„Dankeschön, die Damen, alle miteinander!" Linda erhob sich und machte eine übertriebene Verbeugung.

„Und ich möchte unserer jüngsten Geschäftspartnerin hier gratulieren! Eve, ich glaube, wir werden eine Menge Spaß haben, wenn wir zusammenarbeiten. Sie können wahrscheinlich noch gar nicht ermessen, was für eine grandiose Entschei-dung Sie heute Abend getroffen haben!"

„Das stimmt," fiel Dana ein. „Und wir werden dir alle jede nur denkbare Unterstützung geben. Unser höchstes Ziel besteht darin, dir zu helfen, erfolgreich zu sein!"

Das ist ein vollkommener Moment, dachte die Lady und lächelte in sich hinein. Manchmal staunte sie über sich selbst. Dies waren die Augenblicke, die sie am meisten schätzte in ihrem Geschäft, in ihrem Leben – Augenblicke, in denen alle Räder des Universums perfekt ineinander greifen.

„Na, meine Lieben, ruhen wir uns nun auf unseren Lorbeeren aus oder tun wir noch ein bisschen was?" fragte sie herausfordernd und hatte damit ihrer aller Aufmerksamkeit.

„Wir haben heute Abend noch etwas zu tun. Aber zuerst will ich Ihnen sagen, dass ich sehr, sehr stolz bin auf Sie alle drei.

Dana, Ihr Erlebnisbericht war perfekt. Mir ist auch aufgefallen, wie gut Sie bei den neuen Kunden vorgearbeitet und gesät haben, während wir mit den Produkten beschäftigt waren. Sie haben wirklich den Dreh raus!

Und Linda, es ist wirklich unglaublich, dass Sie heute Abend so viele Leute hier zusammenbekommen haben! Und Ihre Begeisterung war riesig! Ihre Leidenschaft, Ihr Engagement – das sind schon 75 Prozent dessen, was eine erfolgreiche Verkaufsparty ausmacht; und Sie haben ungeheuer viel davon. Ganz große Klasse!

Und Eve, das ist Wahnsinn! Schauen Sie sich an, was für einen schnellen Start Sie hatten! Es sind gerade mal 24 Stunden her, dass Sie zum ersten Mal von dieser Firma gehört haben, und nun sind Sie bereits im Geschäft und haben die ersten fünf Verkäufe getätigt!

Stellen Sie sich mal vor, was passiert, wenn Sie auf diesem Niveau auch nur einen Monat lang weitermachen! Es ist unglaublich!"

Alle drei Frauen strahlten zufrieden.

„Und jetzt kommt der vergnügliche Teil des Abends. Wollen wir doch mal sehen, wie viel Geld wir gemacht haben!" krähte die Lady und rieb sich die Hände.

Die Frauen versammelten sich um den Küchentisch und die Lady führte sie sorgfältig durch die Abrechnung der geschäftlichen Aktivitäten dieses Tages.

Sie begann mit Eve und erklärte ihr genau, wie viel Provision sie auf die Einkäufe ihrer neuen Kunden bekam. Und da Eve nun Geschäftspartnerin war, bekam sie außerdem noch Rabatt auf die Produkte, die sie selber gekauft hatte. Alles in allem hatte sie mit ihren fünf Kunden nicht nur ihren Eigenverbrauch finanziert, sondern auch noch einen zusätzlichen Gewinn erzielt.

„Eve, das ist Ihr Geld, und Sie können damit machen, was Sie wollen. Ich an Ihrer Stelle würde es jedoch in mein neues Geschäft investieren und einige der anderen Produkte testen. Es ist eine universelle Wahrheit in diesem Geschäft, dass Sie vor allem die Produkte verkaufen, die Sie auch selber benutzen. Das heißt unterm Strich: Je mehr Sie selber nehmen, desto mehr Geld machen Sie am Ende."

Mit einem verschmitzten Lächeln wandte sich die Lady daraufhin an Linda.

„Sagen Sie mal, meine Liebe, ist Ihnen klar, dass Sie heute Abend mehr als 1.200 Dollar Umsatz gemacht haben?" Linda klappte die Kinnlade regelrecht herunter. „Haben Sie eine Ahnung, wie viel Sie in den letzten zwei Stunden verdient haben?" Ohne eine Antwort abzuwarten, schrieb die Lady eine Zahl auf ein Stück Papier und schob es Linda über den Küchentisch zu.

„Sie machen Witze! Das reicht ja, um die nächste Rate für mein Auto zu zahlen," rief sie aus. Die beiden anderen Frauen reckten die Hälse, um zu sehen, was auf dem Papier stand. Die Summe war ganz offensichtlich beeindruckend.

„Und Ihnen, Dana," fügte die Lady ebenso verschmitzt hinzu, „kann man auch nur gratulieren. Sie sind gerade zum Status einer Führungskraft aufgestiegen. In Ihren ersten 48 Stunden haben Sie die höchstmögliche Verdienststufe in der Firma erreicht."

Es dauerte einen Moment, bevor diese Nachricht richtig ankam.

„Tatsächlich?" presste sie hervor, gleichermaßen erfreut und verwundert.

„Ich kann es gar nicht glauben!" Sie hatte nicht die geringste Ahnung, wovon die Lady eigentlich sprach, aber sie war ohnehin schon ganz außer sich vor Aufregung. Und das war ansteckend; die anderen brachten Hochrufe auf sie aus und klopften ihr auf die Schulter. Sie konnte sich nicht erinnern, sich jemals in ihrem Leben so sehr als Sieger gefühlt zu haben wie jetzt.

„Was genau bedeutet das eigentlich?" fragte sie die Lady, als ihr Schwindelgefühl abflaute. Die Lady hackte eifrig auf den Tasten ihres Taschenrechners herum.

„Ich werde es Ihnen aufschreiben, damit Sie es leichter begreifen: Das hier ist die Gesamtsumme Ihrer Verkäufe der letzten 48 Stunden. Und dort steht, was Sie als Geschäftspartnerin daran verdient haben." Die Zahlen beeindruckten offenbar alle und entlockten Dana einen schrillen Laut.

„Aber es wird noch besser," fuhr die Lady mit einem Lächeln fort. „Hier sehen Sie, wie hoch sich auf der Führungsebene bei gleichem Umsatz von nun an Ihre Provision beläuft." Diesmal schrieb sie eine bedeutend höhere Summe auf den Zettel. Danas Augen wurden noch größer und die Lady fuhr fort.

„Und hier ist die Provision, die Sie bekommen, sobald Linda, Eve und Ihre anderen Geschäftspartner die gleiche Menge verkaufen."

„Das ist zu schön, um wahr zu sein!" rief Dana erneut aus. „Ich habe noch nie so viel Geld verdient wie jetzt! Und es macht mir auch noch Spaß!"

„Arbeit ist doch dazu da, um Spaß zu machen, oder?" fragte und versicherte die Lady im gleichen Atemzug. „Mutter Theresa sagt, dass wir keine großen Dinge tun können, wir können nur kleine Dinge mit großer Liebe tun. Wenn du wirklich sagen kannst, dass du deine Arbeit liebst, und wenn dir deine Arbeit dazu noch erlaubt, anderen diese Liebe zu zeigen, indem du Gutes in ihr Leben bringst – nun, kann es denn noch irgendetwas Besseres geben?"

„Ich glaube nicht," musste Dana gestehen.

„Und was Sie angeht, Linda, so sehe ich keinen Grund, warum Sie morgen Abend um diese Zeit nicht die gleiche Ebene wie Dana erreicht haben sollten. Sie haben bereits drei Viertel des Weges dorthin zurückgelegt. Möchten Sie ihn weitergehen?" fragte die Lady provokativ.

„Oh ja, tu es, Linda, ich helfe dir dabei!" ermutigte Dana sie.

„Natürlich, warum nicht? Wenn du das schaffst, dann schaffe ich das auch!" rief Linda.

„Und wie steht's mit Eve? Können wir sie nicht auch auf diese Ebene bringen?"

„Offen gesagt, ich kann mir keinen besseren Weg vorstellen, Sie dorthin zu bringen, als Eve dorthin zu bringen. Sie könnten sich gemeinsam qualifizieren. Das heißt, wenn Eve das möchte," sagte die Lady und wandte sich Eve zu.

„Also – was müsste ich denn dafür tun?" fragte Eve, offenbar sehr interessiert.

Es war Dana, die die Gelegenheit beim Schopf ergriff.

„Nun, als erstes solltest du eine Liste anfertigen von allen Leuten, die du kennst," wiederholte sie die Anweisungen, die sie selbst zwei Tage zuvor von der Lady erhalten hatte.

„Und dann – sollten wir nicht ein paar Drei-Wege-Telefonate führen, um mit den Leuten in Kontakt zu bleiben, die Eve gestern Abend mitgebracht hat?," schlug Linda vor.

Die Taschen-Lady lächelte nur noch.

- Kapitel 10 -

Plane deine Arbeit, und arbeite nach Plan

„Nun, meine Lieben, ich sehe, Sie haben verstanden, worum es geht – mit Herz und Seele handeln! Zeigen Sie Eve, was sie zu tun hat, und das ist wirklich ganz einfach: Die Produkte nutzen; mit Leuten reden; am Ball bleiben. Das funktio-niert immer," sagte die Lady aufmunternd.

„Und da wir gerade über Planung sprechen: Ich halte mich an die klügsten Köpfe in unserer Firmengeschichte, die alle sagen: 'Plane deine Arbeit, und arbeite nach Plan'. Sie brauchen eine tägliche Richtschnur, nach der Sie handeln können. Und dann sollten Sie sich auch für jede Woche entsprechend der Zeit, die Sie in Ihr Geschäft investieren wollen, eine Liste mit den Punkten anfertigen, die für Sie unumstößlich sind und zu denen Sie sich selbst verpflichten.

Zu den unumstößlichen Dingen zähle ich das Sonnabend-Training, die regel-mäßig stattfindenden Telefonkonferenzen und die Chancen-Meetings – alles Dinge, die in Form von festgelegten Terminen einen Teil deines Unterstützungs-systems ausmachen – und zwar für immer.

Zu welchem Zeitaufwand Sie sich verpflichten, ist eine persönliche Ent-scheidung. Die kann für jede von Ihnen unterschiedlich sein, je nachdem, welche anderen Verpflichtungen und Prioritäten Sie in Ihrem Leben haben. Das Entscheidende dabei ist, diese Verpflichtung einzugehen und sich dann daran zu halten. Planen Sie drum herum. Und lassen Sie Ihren Plan für sich arbeiten.

Dana, Sie haben gerade Ihren ersten 48-Stunden-Plan mit Pauken und Trom-peten absolviert. Jetzt ist es an der Zeit, mit dem nächsten zu beginnen, dann wieder mit einem neuen und immer so fort. Gewinnen kann zur Gewohnheit werden, wissen Sie?

Morgen werden Linda und Eve mit Ihrer Hilfe ihren ersten 48-Stunden-Plan in Angriff nehmen. Und wie Sie sehen, sind sie bereits Feuer und Flamme!

Jetzt überlegen Sie mal folgendes: Was wäre, wenn Sie so einen Glückstreffer wie mit Linda und Eve alle 48 Stunden machen würden? Und was, wenn sie alle genauso fleißig wären? Können Sie sich vorstellen, wie Ihr Geschäft nach Beendigung Ihrer ersten 90 Tage aussehen wird? Und dann stellen Sie sich vier solcher 90-Tage-Programme vor, wie die Perlen einer Kette Ihr erstes Geschäftsjahr ausmachen...

Begreifen Sie jetzt, dass Sie in spätestens vier Jahren unweigerlich Ihren Doktor haben, was in meiner Welt heißt: Den Vollen-Bankkonto-Doktor..."

Die Lady holte ihren Terminkalender hervor und zeigte ihren Schützlingen, wie für sie die Planung eines durchschnittlichen Monats aussah. Die meisten regelmäßigen Termine betrafen das Unterstützungssystem der Firma. Sie lenkte ihre Aufmerksamkeit auf ein Training, das sie für kommenden Samstag geplant hatte.

„Normalerweise mache ich jeden Samstagvormittag ein Geschäftspartner-Training für meine Gruppe in Kalifornien. Da ich aber diese Woche an der Ostküste bin, habe ich mich entschlossen, diesen Samstag ein regionales Training für alle meine Geschäftspartner aus dem Nordosten abzuhalten. Wenn ich mir anschaue, wie das bei euch Mädels so läuft, betrachte ich Ihre Teilnahme an diesem Training als eines der „unumstößlichen" Dinge. Oder sehen Sie das anders?"

Niemand hatte dieser Sichtweise etwas entgegenzusetzen.

Dana, Linda und Eve planten ihre gemeinsamen Aktivitäten für den nächsten Tag, und jede von ihnen plante auch einige Drei-Wege-Anrufe mit der Lady ein, die aufgrund einiger anderer geschäftlicher Angelegenheiten noch in der Stadt bleiben würde.

Kapitel 11

Der wichtigste Buchstabe im Alphabet

Kurz bevor sie ihre eifrigen neuen Schülerinnen verließ, griff die Lady noch einmal tief in ihre große schwarze Tasche und tastete ganz unten herum. Ein zufriedener Blick, und sie hatte, wonach sie gesucht hatte. Sie gab jeder der Frauen einen kleinen glänzenden Spielstein, wie aus einem Scrabble®-Spiel. Auf jedem stand der Buchstabe „R," aber an Stelle der Punktzahl stand in der unteren rechten Ecke ein Dollar-Zeichen. Die Lady erntete wie gewohnt verwunderte Blicke, und erklärte:

„Das wird Ihnen helfen, sich an den wichtigsten Buchstaben des Alphabets zu erinnern. Das ist in Ihrem Geschäft der Buchstabe „R". Und wofür dieses „R" steht, haben Sie drei bereits sehr erfolgreich praktiziert. Sie wussten es bloß noch nicht. Also, ich erzähle es Ihnen, bevor ich gehe.

Das erste „R" steht für Verkaufen (engl.: Retailing). Keiner verdient einen Cent, wenn niemand etwas verkauft. Und Dana, ich weiß noch genau, wie wichtig es für Sie war, Ihre erste Verkaufsprovision sofort bar auf die Hand zu bekommen. Sonst hätten Sie diesem Geschäft keine Chance gegeben, stimmt's?"

„Da möchte ich nicht widersprechen!" sagte Dana schelmisch lächelnd.

„Okay, hören Sie weiter zu. Der Direktverkauf macht es möglich, Leute mit Produkten in Kontakt zu bringen, mit denen sie Resultate erzielen können. Das ist das zweite „R". Resultate wecken das Interesse der Leute, nicht wahr? Es gibt heutzutage nur wenige Produkte auf der Welt, die halten, was sie versprechen. Wenn also Ihr Produkt für sich selbst spricht – reden Sie nicht dazwischen!

Und nun zum nächsten „R". Es steht für Verbesserung oder Überarbeitung (engl.: Refining or Repairing), und zwar der Programme bei Leuten, die noch keine Resultate erzielt haben. Das ist sehr wirkungsvoll, weil es die Leute immer erstaunt, dass Sie sich tatsächlich darum kümmern, ob sie mit den Produkten

Erfolg haben oder nicht. Sie sind das nicht gewohnt. Wann hat Sie das letzte Mal jemand, von dem Sie etwas gekauft haben, angerufen und gefragt, wie Sie damit zurechtkommen und ob Ihnen das Produkt hilft? Sehen Sie!

Diese Haltung stärkt das Vertrauen Ihrer Kunden in Sie und Ihr Produkt und es festigt Ihre Beziehung zu ihnen.

Super! Jetzt erzielt jedermann Resultate und alle freuen (engl.: Rejoice) sich darüber. Alle sind so zufrieden, dass sie immer wieder (engl.: Repeat) bestellen und es ihren Freunden weitersagen; Sie werden dauernd weiter empfohlen (engl.: Referrals).

RRRRRRRR, machte die Lady wie ein hochtouriger Rennwagen.

„Na, könnte es noch etwas Besseres geben? Warten Sie, ich sage Ihnen, was: Wiederholung (engl.: Repetition)! Es ist unumgänglich, alles mit den neuen Leuten, denen Sie empfohlen werden, zu wiederholen. Klasse, jetzt läuft alles fantastisch!

Aber denken Sie daran (engl.: Remember) – ein weiteres „R" – im Network-Marketing ist es ganz wesentlich, eine Organisation aufzubauen. Und das ist jetzt leicht für Sie. Mitarbeiter für Ihre Organisation lassen sich nirgends besser rekrutieren, als unter all den zufriedenen Kunden, die Sie bereits haben! Begreifen Sie langsam, was Sie schon alles getan haben?"

Lächeln und zustimmendes Nicken.

„Und, wenn Sie jemanden für die Mitarbeit gewonnen haben, wiederholen Sie einfach den ganzen Prozess mit ihnen. Sie machen es so, wie Dana es mit Linda gemacht hat, die Eve hereingebracht hat, die wiederum heute Abend mit einem nagelneuen Unternehmen nach Hause geht. Und so weiter, und so weiter. RRRRRRRR!

Und als Nächstes setzen Sie dann die Maximale-Tantiemen-Maschinerie in gang, und das hat wiederum ein königliches Einkommen zur Folge. Damit befassen wir uns das nächste Mal noch eingehender. Königliches Einkommen bedeutet, dass Sie Geld verdienen, ohne zu arbeiten. Königliches Einkommen bedeutet Ausruhen, Entspannen, vielleicht eine kleine Romanze (engl.: Rest, Relaxation, Romance), und führt letztendlich zum Rückzug (Retirement) aus dem Geschäft, während Sie noch jung genug sind, um das Leben zu genießen!

Na, sind Sie mit mir einer Meinung?

Ist das nicht GRRRRRRRRRRRRRoßartig?"
Kein Widerspruch von ihren drei glücklichen, lächelnden Schützlingen.

Viel später am Abend, nachdem sie Linda, Mickey und der Babysitterin
eine gute Nacht gewünscht hatte, schleuderte Dana ihre Schuhe von sich und
schlüpfte müde in ihren Bademantel. Kurz darauf stand sie in der Küche, ließ
Wasser in den Teekessel laufen, weil sie vor dem Einschlafen gern eine Tasse
Kakao trank.

Sie betrachtete ihr Spiegelbild im Fenster über der Spüle, von dessen
Rahmen die Farbe abblätterte, und stellte fest, dass sie ein warmes Lächeln im
Gesicht hatte. Es überraschte sie ein wenig. Ihr wurde bewusst, dass sie diesen
Gesichtsausdruck bei sich schon sehr lange nicht mehr gesehen hatte. Zum zwei-
ten Mal, seitdem sie die Taschen-Lady kennen gelernt hatte, staunte sie über den
Wetterwechsel in ihrem Kopf und in ihrem Herzen.

War das wirklich erst vorgestern gewesen? Sie hatte in einem Taxi gesessen,
sich selbst als dumm, nutzlos und als Versagerin bezeichnet. So viel war seitdem
geschehen! Man hatte heute Abend tatsächlich Hochrufe auf sie ausgebracht! Sie
hatte hart gearbeitet (obwohl ihr das gar nicht so vorkam), und sie hatte in nur
48 Stunden etwas Wunderbares vollbracht.

Zum ersten Mal in ihrem Erwachsenenleben fühlte sich Dana wirklich als
Gewinnerin. Es war ein phantastisches Gefühl, fast wie ein Wunder. Und das
alles nur, weil jemand sie zufällig im Taxi mitgenommen hatte, an einem der
schwärzesten Tage in ihrem Leben. Man stelle sich das vor!

Da hatte jemand Möglichkeiten in ihr gesehen, die sie selbst niemals in sich
gesehen hatte. Jemand hatte ihr das Gefühl ins Gedächtnis zurückgerufen, das sie
sonst nur zu Weihnachten hatte, wenn Magie in der Luft lag und alles möglich
war. Es war fast wie ein Traum, dachte sie, als ihr der Dampf aus der Tasse übers
Gesicht strich.

Sie nahm den Kakao mit ins Schlafzimmer und knipste die Lampe neben
dem Bett an. Ohne besonderen Grund fiel ihr das kleine Schmuckkästchen aus
Keramik auf dem Schlafzimmerschrank ins Auge. Eine Miniatur-Windmühle.
Sie hatte es als 13-jährige zu Weihnachten geschenkt bekommen, zusammen
mit einem goldenen Medaillon, das in dem Kästchen versteckt war. Es war das

letzte Geschenk ihrer Mutter. Sie starb ohne irgend ein Vorzeichen knapp einen Monat später. Dana bewahrte das einzige Bild, das sie von ihrer Mutter hatte, in diesem Medaillon auf.

„Ich wünschte, meine Mutter könnte mich heute Abend sehen," sprach Dana ihren Gedanken aus, vom Klang ihrer eigenen Stimme überrascht. „Sie wäre bestimmt stolz auf mich," sagte sie, diesmal in voller Absicht.

Es drängte sie, sich das Bild ihrer Mutter anzusehen. Sie öffnete die kleine Windmühle. Seltsam. Sie hatte vergessen, dass eine kleine Spieluhr in dem Kästchen war. Eine vertraute Melodie ertönte, und beinahe sofort erinnerte sie sich. Als sie die Melodie mitsummte, konnte sie die Worte hören...

„Dream the impossible dream"
(„Träum' den unmöglichen Traum...")

- Kapitel 12 -

Das magische Königreich

Pünktlich um 9.55 Uhr am Samstagmorgen hatte Dana das Gefühl, einen halben Meter über ihrem Stuhl zu schweben. Sie saß in der vordersten Reihe des Konferenzsaals im „Holiday Inn" auf Long Island. Links und rechts neben ihr saßen Eve und Linda, die genau wie sie vor Aufregung bebten.

Die ganze erste Reihe war besetzt mit ihren Leuten. Von Menschen, die entweder in den letzten zwei Tagen bei einer der drei Frauen ins Geschäft eingestiegen waren oder die genügend Interesse dafür aufbrachten, sich die Sache heute einmal genauer anzusehen. Auch in der zweiten Reihe saßen fast überall bekannte Gesichter, die sie zum Training eingeladen hatten.

Im Raum herrschte eine ausgelassene Stimmung. Viele Menschen schienen sich zu kennen und sich riesig über ihr Wiedersehen zu freuen. Es gab zahlreiche Begrüßungen und einen lebhaften Austausch von Gedanken, Ideen und Visitenkarten. Und jede Menge Umarmungen.

Dana hatte noch nie etwas Ähnliches erlebt. 'In der Schule hat es so etwas nie gegeben', dachte sie. Und auf der Arbeit... vergiss es! Im Klassenzimmer oder einem Büro zu sitzen, hatte sie immer gelangweilt. Und die wenigen Erfahrungen, die sie bisher mit geschäftlichen Treffen gemacht hatte, unterschieden sich ebenfalls beträchtlich von der freundschaftlichen Atmosphäre und dem Enthusiasmus, die sie hier antraf. Es war fast wie ein großes Familientreffen oder eine Hochzeit, dachte sie. Es war eine Feier!

Schlag zehn Uhr wurde es still im Saal und auf dem Podium ging ein freundlich aussehender junger Mann, etwa 30, vorne ans Mikrophon. Dana dachte, dass er mit seinem langen, blonden Pferdeschwanz, der Nickelbrille und dem gepflegten Bart nicht gerade einem Zeremonienmeister ähnelte. Er trug Jeans und ein Jeans-Hemd, eine braune, mit Fell gefütterte Lederjacke und eine knallbunte, verspielte Krawatte mit Comicfiguren.

Unkonventionell, und das war noch untertrieben, aber der allgemeine Eindruck war ordentlich, und das war offensichtlich ein ehrlicher Ausdruck seiner Persönlichkeit.

Er begann zu sprechen. Seine Stimme war irgendwie sanft und ziemlich tief, aber voller Gefühl und Überzeugungskraft.

„Guten Morgen alle zusammen und herzlich willkommen! Ich bin sehr froh, Sie alle heute hier zu sehen... Ich bin der festen Überzeugung, dass der heutige Tag das Leben einiger Menschen hier ändern wird. Wir haben die seltene Gelegenheit, von jemandem trainiert zu werden, der in unserer Branche häufig als „Trainer der Trainer" bezeichnet wird. Ich hatte bereits die große Ehre, mit dieser Person zusammenzuarbeiten, und ich kann Ihnen aus ganzem Herzen versichern, dass sie jede Auszeichnung verdient.

Wenn Sie diesen Raum heute Abend verlassen, werden Sie Ihr Geschäft und wahrscheinlich auch Ihr Leben aus einer höheren Warte betrachten. Aber noch viel wichtiger ist: Sie werden genau wissen, was Sie tun können, damit das auch so bleibt.

Man sagt der Referentin nach, sie sage immer die Wahrheit – und nehme kein Blatt vor den Mund. Ich kann dazu nur sagen: Wann immer sie spricht, höre ich gut zu, und das gleiche tun buchstäblich Zehntausende in aller Welt. Und alles, was ich von ihr gelernt habe, hat sich bisher mit schöner Regelmäßigkeit auch auf die Höhe meines monatlichen Schecks ausgewirkt... Deshalb rate ich Ihnen, sich alles Wichtige zu notieren!

Meine Damen und Herren, schnallen Sie sich bitte an, klappen Sie Ihr Visier herunter und starten Sie Ihre Motoren, Rrrrrrrrrrrrrrrrr! Sie lernen jetzt von der Besten in der Branche, der Nummer Eins unserer Firma, der Millionen-Dollar-Umsatz-Frau, die trotz aller ihrer Spitzenleistungen nicht anders genannt werden will als...

Ladies und Gentleman: .... die Taschen-Lady!!!"

Der Applaus explodierte buchstäblich im Raum. Alle sprangen auf, als sich die Taschen-Lady dem Podium näherte. Dana und Linda sahen sich beide mit den gleichen großen Augen an. Es war ihnen nicht bewusst gewesen, dass sie mit jemandem gearbeitet hatten, der so berühmt war!

Es gab ein paar Rufe, die zur Ruhe mahnten, der Applaus klang ab und alle nahmen wieder Platz.

„Wissen Sie, ich kneife mich jedes Mal selbst, wenn ich in einem Saal wie diesem stehe und mir das volle Ausmaß des Wunders bewusst wird, das in meinem Leben geschehen ist.

Es ist eine riesengroße Ehre für mich, Ihnen von unseren Produkten und diesem Geschäft zu erzählen, weil ich weiß: Was mir damit widerfahren ist, kann jedem von Ihnen geschehen. Es ist ein großes Privileg für mich, bei Ihnen zu sein und Ihnen zeigen zu können, wie Sie das Beste aus diesem Geschäft machen können. In meinem Herzen bin ich nämlich immer noch Lehrerin, und aus meiner Sicht ist Lehren die größte Berufung überhaupt.

Es gibt ein altes Sprichwort: Gibst du einem hungrigen Menschen einen Fisch, gibst du ihm Nahrung für einen Tag. Aber wenn du ihm das Fischen lehrst, gibst du ihm Nahrung für ein ganzes Leben. Und nichts anderes möchte ich heute hier tun. Aus diesem Grunde bin ich in diesem Geschäft. Ich weiß, dass der einzige Weg, um mit dieser Arbeit und im Leben erfolgreich zu sein, darin besteht, anderen Menschen beizubringen, 'wie sie fischen können'.

Die ganze Basis unseres Geschäfts beruht darauf, dass wir Menschen beibringen, wie sie ihre Ziele erreichen und ihre Träume verwirklichen können!

Ich habe zehn Jahre lang in Brownsville in Brooklyn die erste Klasse unterrichtet und ich habe es geliebt. Ich möchte Ihnen heute erzählen, was ich mit den Kindern dort getan habe, um ihr Selbstbewusstsein zu fördern. Ich forderte sie auf, Magazine und Zeitungen durchzublättern und Bilder von Augen auszuschneiden – große Augen, kleine Augen, alte, weise Augen, alle Arten von Augen eben. Dann gab ich jedem Kind eine Blechdose und wir klebten all diese Augenbilder überall auf die Büchsen. Wir füllten getrocknete Bohnen hinein und verschlossen sie wieder. Am Ende hatte dann jedes Kind seine ganz persönliche 'Augenbüchse.'* Ich ließ jedes Kind seine Büchse schütteln und Krach machen, um diese zwei Silben in ihr Gedächtnis einzumeißeln: Ich kann!

Die wichtigste Aufgabe für uns alle hier ist es, diese Worte in unsere Herzen und Hirne einzumeißeln: Ich kann. Und Menschen, mit denen wir zusammenarbeiten, dabei zu helfen, sich diese Worte ebenfalls zu eigen zu machen: Ich kann!

Ich kann die Geschichte meines Lebens neu schreiben.
Ich kann die Vergangenheit hinter mir lassen.
Ich kann mein eigenes Geschäft haben.
Ich kann mein eigener Boss sein.
Ich kann für mich und meine Familie den Wohlstand schaffen, auf den
wir in jeder Hinsicht Anspruch haben!

Aber... – zufällig weiß ich, dass es für einige in diesem Raum einmal nahezu
unvorstellbar war, an diese beiden kleinen Worte zu glauben."

An dieser Stelle war Dana sich sicher, dass die Taschen-Lady von ihr sprach.
Und sie war nicht die Einzige, die sich direkt angesprochen fühlte.

Die Taschen-Lady blickte, während sie sprach, im ganzen Raum umher
und sah den Menschen direkt in die Augen. Es schien fast, als würde sie jeden
Einzelnen kennen.

„Tatsächlich erinnere ich mich an eine Zeit, als diese zwei einfachen Worte,
ich kann, auch für mich fast verloren schienen. Es gab eine Zeit, da saß ich mit
der Fernbedienung in der Hand vor dem Fernseher und suchte nach etwas –
nach irgendetwas, das vor allem anders sein sollte als das Leben, das ich führte,"
sagte die Lady mit einem Zwinkern. Es gelang ihr, die Stimmung zu verändern
und beinahe nahtlos in einen humorvolleren Ton überzugehen, was ihr eindeutig
Vergnügen bereitete.

„Natürlich sah ich damals ganz anders aus, im Zeitalter des Wackelpuddings,
60 Pfund anders! Ich habe den Leuten immer erzählt, dass ich für Bequemlichkeit
konstruiert sei und nicht für Geschwindigkeit. Und Sie sollten wissen: ich bin
noch immer in der Konstruktionsphase!"

Das eine oder andere Kichern war zu hören.

„Mein aktuelles Ziel ist Konfektionsgröße 9/10 oder 11/12 – je nachdem, wie
viel ich atmen will." Jetzt lachte fast das ganze Auditorium.

„Ich gehörte zu denen, die Stewardessen in der ersten Klasse Lügengeschichten
auftischen. Wenn sie diese kleinen Schokoladen verteilten, legte ich los: Ich war
jüdisch-katholisch, hatte zwölf Kinder, war über einen Monat geschäftlich unterwegs gewesen und hatte keine Zeit mehr gehabt, noch Geschenke zu kaufen –
und könnte ich vielleicht noch ein paar Schokoladen haben, damit alle meine
Kinder eine bekommen und nicht enttäuscht sind...

Ich habe natürlich alle Diäten durchprobiert. Wenn ich dann eine dieser kleinen, vorgefertigten Diät-Mahlzeiten auspackte, glaubte ich, ja, ich betete geradezu darum, dass es sich nur um die Vorspeise handelte. Und da gab es dann immer dieses winzige Stückchen Hühnerfleisch.

Ich sagte: 'Okay, das passt gerade mal in meine Zahnlücke – und nun her mit dem Rest!'

Schließlich gab ich es auf und sagte zu meinem Mann: „Jetzt reicht's! Von nun an trage ich Zelte oder bleibe gleich im Bett."

Sie wissen, es gibt da diese falsche Ansicht, dass dicke Menschen immer fröhlich und jovial sind. Auf mich traf das ganz offensichtlich nicht zu. Mein Mann war überzeugt davon, dass ich dauerhaft an einem prämenstruellen Syndrom litt.

Und erst, als ich endlich an diese fantastischen Produkte geriet, ging er durchs Haus und hängte überall die Augen gegen den bösen Blick ab.

Das Kreuz mit meinem Übergewicht war schlimm genug. Genau so schlimm aber war unsere finanzielle Misere. Wir waren völlig pleite. Verfettet und verschuldet! Es war sogar noch schlimmer. Wir hatten 250.000 Dollar Schulden – eine viertel Million in den Miesen!

Irgendjemand sagte mir dann, es gäbe ein Licht am Ende des Tunnels.

'Ja', dachte ich insgeheim, 'und das ist wahrscheinlich der Zug.'

Erst später, als ich die Resultate unserer Produkte an mir selbst erfuhr, wurde mir klar, dass das Licht am Ende des Tunnels mein Ticket in die Freiheit war."

Die Erzählung der Taschen-Lady versetzte das Publikum in einem angenehmen und entspannten Zustand, bereit, alles aufzunehmen, was sie ihnen anbot. Das war auch genau der Grund, weshalb sie es zum Lachen gebracht hatte. Sie war davon überzeugt, dass Menschen besser lernten, wenn sie nicht zu ernst waren. Lernen sollte Spaß machen und keine harte Arbeit sein.

Dana kam aus dem Staunen nicht heraus. Sie hatte ihre Mentorin noch nie so in Fahrt gesehen. Sie war einsame Spitze! Dana war stolz darauf, sie zu kennen.

Die Stunden verflogen, und ehe man sich versah, war es auch schon wieder vier Uhr nachmittags. Um diese Zeit sollte das Seminar zu Ende sein.

Die Lady hatte ungeheuer viel Informationen vermittelt, Danas Notizheft war so gut wie voll. Vieles von dem, was Dana bereits persönlich von ihrer Mentorin gelernt hatte, wurde mit Rücksicht auf die Neulinge noch einmal angesprochen. Dennoch war sie froh über die Wiederholung. Es half ihr dabei, was sie bereits wusste, noch einmal stärker zu verankern.

Dana hatte die Pausen genutzt, die Leute in ihrer Linie kennen zu lernen und fragte sie, wo und wann ihre Treffen und Trainingsstunden stattfanden. Außerdem versuchte sie, so viel wie möglich über die beliebtesten Businesstricks herauszufinden. Alle waren freundlich und gerne bereit, ihr Wissen weiterzugeben.

Dana hatte mittlerweile eine ganze Fülle Flyer, Anzeigen, kleine Skripte für Telefongespräche, Dankesschreiben etc. gesammelt, die sie in ihr Notizbuch stopfte. Dazu kamen Tipps und Ideen für Redewendungen und Anreden, die erfahrene Mitarbeiter erfolgreich nutzten. Und Telefonnummern! Sie hatte jede Menge Telefonnummern gesammelt für künftige 3-Wege-Gespräche und Party-Schaltungen.

Ihr schwirrte schon der Kopf.

Es wurde langsam spät und die Taschen-Lady war immer noch in Fahrt.

Sie schien noch so viel mehr für das Training auf Lager zu haben – aber sie wusste auch, dass jeder genau das bekommen hatte, was er brauchte – und wahrscheinlich viel mehr.

„Bevor nun dieser Tag zu Ende geht, gibt es noch etwas sehr Wichtiges zu tun," verkündete sie schließlich und begann mit einer ganz neuen Erzählung:

„Als ich meine Reise hierher an die Ostküste plante, hatte ich ursprünglich nur vor, mich um ein paar persönliche geschäftliche Angelegenheiten zu kümmern und etwas Zeit mit meiner Familie zu verbringen. Viele von euch kennen mich allerdings gut genug, um zu wissen, dass ich mein Geschäft immer bei mir trage, egal, wohin ich gehe. Doch ich hatte wirklich nicht damit gerechnet, während meines Aufenthalts hier auch neue Geschäftspartner zu gewinnen.

Aber ich war auch noch nie zuvor an einem Regentag hier...

Und so geschah es, dass ich mir ein Taxi mit einer wunderbaren jungen Frau teilte, deren Leben im übertragenen Sinne an einem seidenen Faden hing. Und den trug sie, um im Bild zu bleiben, schon wie eine Schlinge um den Hals, als wir uns begegneten."

Die Taschen-Lady sah lächelnd in Danas Richtung und versuchte, in ihrem Gesicht zu lesen, ob es in Ordnung wäre, ihre Geschichte mit der ganzen Gruppe zu teilen. Dana lächelte unter den Tränen, die ihr plötzlich in die Augen stiegen, zurück, ihr Einverständnis signalisierend.

„Aber Dana gehört zu den Menschen, die nicht einfach aufgeben, wenn sie am Ende der Fahnenstange angelangt sind. Sie knüpft einen oder zwei Knoten in ihren seidenen Faden und hangelt sich daran wieder hinein ins liebe Leben. Denn das Leben ist Dana lieb.

Und so war ich die Glückliche, die Dana fand, als sie bereit war, gefunden zu werden.

Das geschah letzten Montag.

Zwei Tage später beendete Dana ihren ersten 48-Stunden-Plan mit der Qualifikation für die Führungsebene. Gestern half Dana bereits zwei weiteren Frauen, Linda und Eve – und sie zeigte auf die beiden in der vordersten Reihe – das zu erreichen, was sie für sich selbst bereits geschafft hatte. Und heute, gerade mal fünf Tage nach dieser denkwürdigen Taxifahrt – und außerdem mehr als zehn Pfund leichter! – sind fast alle Leute in den ersten beiden Reihen Geschäftspartner dieser drei Frauen in ihrem brandneuen Geschäft!"

Der ganze Saal applaudierte, jubelte, pfiff und ließ sie hochleben.

Als die Lady Dana, Linda und Eve bat, zu ihr nach vorne aufs Podium zu kommen, brandete der Beifall noch stärker auf. Die Taschen-Lady griff in ihre allgegenwärtige Tasche und holte drei kleine, glitzernde Objekte hervor.

„Meine Damen, wir haben in den vergangenen Tagen über diesen wunderbaren Feenstaub gesprochen, der dieses Geschäft in ein magisches Königreich verwandelt, nämlich über maximale Tantiemen. Dana, Linda, Eve – Sie sind jetzt Köni-ginnen in diesem Reich.

Und darum finde ich es richtig, wenn jede von Ihnen heute eine eigene Krone erhält, die sie immer an diesen Tag erinnert."

Feierlich überreichte die Taschen-Lady einer nach der anderen ein winziges, strassbesetztes Krönchen, das einer Barbie-Puppe gepasst hätte. Sie umarmte jede der Frauen herzlich, während die Anwesenden nicht aufhörten, zu applaudieren. Dann erhoben sich ihre Gäste in den ersten beiden Reihen – einer menschliche Welle ähnlich – zu einer Standing Ovation. Der Rest des Saales schloss sich ihnen unverzüglich an.

Dana war von dem Geschehen völlig überwältigt. Ihr wurde plötzlich bewusst, dass sie vielleicht etwas sagen sollte, wenn der Applaus abebbte – zum Beispiel könnte sie der Taschen-Lady für all ihre Hilfe danken oder erzählen, wie sie sich jetzt fühlte oder ein paar Worte der Ermunterung an die Gesellschaft richten – aber der bloße Gedanke daran erschreckte sie zu Tode. Jeder Muskel ihres Körpers hatte nur den einen Wunsch: Jetzt auf der Stelle zurück zu ihrem Stuhl zu gehen, ohne ein Wort zu sagen.

Aber dann hörte sie die Stimme von Eleanor Roosevelt in ihrem Kopf und rief sich ihre Worte ins Gedächtnis, die sie im Auto auf einer Kassette gehört hatte:

„Du musst genau das tun,
was du vermeintlich nicht tun kannst.“

Dana gelang es, auf den Beinen zu bleiben. Schüchtern näherte sie sich dem Mikrofon. Ihre Knie fühlten sich an wie Pudding, aber sie stand. In ihrem Kopf herrschte totale Leere. Sie hatte nicht die geringste Ahnung, was sie sagen sollte. Aber sie öffnete den Mund, damit irgendwelche Worte herauskommen konnten. Und das taten sie.

„Ich habe noch nie in meinem Leben eine Rede gehalten. Mir hat auch noch niemals zuvor jemand applaudiert. Ich habe nie auch nur davon zu träumen gewagt, ein eigenes Geschäft zu betreiben, und ich hätte nie geglaubt, dass mir jemand dabei helfen würde.

Und jetzt... ist all das geschehen. Und das Einzige, was ich dazu sagen kann, macht nicht viel her, aber ich meine es mit jeder Faser meines Herzens: Danke!“

Sie wandte sich der Taschen-Lady zu: „Danke, und nochmals danke!“

Und wenn Sie ganz genau hingehört hätten, hätten Sie in der Pause zwischen Danas Worten und dem erneut losbrechenden Applaus gehört, wie die Taschen-Lady flüsterte: „Ja!“

- Kapitel 13 -

Die Prüfung

Als Dana bei sich zu Hause ankam, hatte sie das Gefühl, sich in einem veränderten Bewusstseinszustand zu befinden. Ihr Herz floss über von all den neuen und wunderbaren Gefühlen und sie dachte, dass ihr jeden Moment die Schädeldecke wegfliegen könnte vom Druck der vielen neuen Ideen, die in ihrem Kopf Gestalt annahmen.

Immer noch lächelnd drehte sie den Schlüssel im Schloss.

Es war seltsam still, als sie eintrat. Irgendetwas stimmte nicht. Die Kinder waren normalerweise viel lauter um diese Zeit, kurz vor dem Abendessen. Ein eigenartiges Gefühl breitete sich in ihrem Magen aus und sie mochte es nicht.

„Cindy!," rief sie. Keine Antwort von der Babysitterin. Sie suchte sie in der Küche. Sofort erblickte sie einen Zettel auf dem Küchentisch. Gott sei Dank, dachte sie, und stieß einen Seufzer der Erleichterung aus. Wahrscheinlich sind sie bloß spazieren gegangen.

Sie las:

„Die Kinder sind von ihrem Vater abgeholt worden. Er hat gesagt, Sie wüssten Bescheid, dass sie mit ihm verreisen. Er hat ein paar Anziehsachen und andere Dinge für sie eingepackt. Ich hoffe, das ist okay. Rufen Sie mich an. Cindy"

Dana fühlte sich, als hätte man ihr einen Schlag in den Magen versetzt und sank zu Boden. Wie konnte er es wagen! Wie konnte er es wagen!

Im gleichen Moment war sie am Telefon.

„Cindy, ich kann es nicht fassen, dass du sie mit ihm hast gehen lassen! Er hat dich belogen! Ich wusste überhaupt nichts davon!" schrie sie.

Cindy unternahm keinen Versuch, sich zu rechtfertigen. Es war ihr schon irgendwie eigenartig vorgekommen, aber er hatte so nachdrücklich darauf bestanden. Jetzt war ihr klar, dass sie ihn daran hätte hindern sollen, aber sie hatte Angst gehabt.

„Cindy, denk nach! Hat er gesagt, wo er mit ihnen hin will? Wie lange sind sie schon weg? Bitte, versuche dich zu erinnern!"

Die Besuchsregelung gab ihrem Ex-Mann das Recht, jedes zweite Wochenende mit den Kindern zu verbringen. Er machte jedoch selten Gebrauch davon, vor allem, seit er mit den Unterhaltszahlungen im Rückstand war. Und er hatte sie noch nie über Nacht mitgenommen. Hier war etwas faul – extrem faul.

Als Dana den Hörer auflegte, war sie nicht viel klüger als zuvor. Er hatte etwas von einem See erwähnt, das war alles. Sie setzte sich an den Küchentisch, zu betäubt, um irgendetwas zu unternehmen. Etwas sehr Verwirrendes und Beunruhigendes ging in ihr vor.

Alte, vertraute Stimmen hielten ihr eine Strafpredigt: „Das wäre nie passiert, wenn du bei deinen Kindern geblieben wärst, zu Hause, dort wo du hingehörst. Du wärst nicht in diesem Schlamassel, wenn du mit deiner Ehe klargekommen wärst. Er hätte dich nicht verlassen, wenn du nicht so fett geworden wärst. Du bist eine schlechte Mutter, du weißt noch nicht einmal, wo deine Kinder sind. Du hättest hier sein sollen. Du hättest hier sein sollen. Du hättest hier sein sollen."

Sie konnte nicht nachdenken. Aber sie musste nachdenken. Wohin könnte er die Kinder gebracht haben? Was sollte sie tun?

Plötzlich fiel ihr etwas zu einem See ein – eine Hütte, die seinem Bruder an einem See irgendwo in Pennsylvania gehörte. Wie hieß er bloß? Sie begann, in der Küche auf und ab zu gehen. Sie dachte an all die jüngsten Geschichten aus dem Fernsehen über Kinder, die von einem Elternteil entführt worden waren und einfach verschwanden – um niemals wieder gefunden zu werden. Würde er so etwas tun? Nein... oder doch?

Sie wählte die 9-1-1. Der Polizist, mit dem sie sprach, war ihr keine große Hilfe. Ihr Ex-Mann hatte das Besuchsrecht. Es war ungewiss, ob dieser Vorfall überhaupt eine Straftat war. Sie müsse am Montag eine Beschwerde beim Richter einreichen. Nichts!

Sie suchte fieberhaft nach der Nummer des Rechtsanwaltes, der sie bei ihrer Scheidung vertreten hatte. Als sie sie endlich fand, hörte sie bloß die Ansage auf dem Anrufbeantworter.

Ihr Zorn begann zu schwinden und statt dessen wuchs in ihr ein Gefühl der Machtlosigkeit. Was für eine Art, diesen wunderbaren Tag zu beenden, dachte sie. Gott, was war sie für ein Dummkopf gewesen! Sie hatte sich wirklich selbst davon überzeugt, dass es einen Ausweg gab aus diesem Schlamassel, das ihr Leben war. Aber sie war doch ein Verlierer. War immer einer gewesen. Würde immer einer sein.

Bittere Tränen überkamen sie, und sie überließ sich ihnen vollständig. Sie ging ins Schlafzimmer und warf sich schluchzend aufs Bett. Sie fühlte sich völlig allein gelassen. Wie sehr sie sich ihre Mutter herbei wünschte!

„Bitte, Mama, sag mir, was ich tun soll!" Impulsiv schnappte sie sich ein Kissen und schmiss es quer durchs Zimmer. Es landete auf dem Schrank und riss klappernd ein paar Dinge herunter. Eins davon war die kleine Windmühle. Als sie auf den Boden fiel und der Deckel aufsprang, setzte die kleine Spieluhr ihr Lied an genau der Stelle fort, wo es das letzte Mal aufgehört hatte. Wieder fanden die Worte des Liedes ihren Weg in Danas Gedanken und hallten mit einer neuen, starken Bedeutung in ihr nach:

„...auch wenn deine Arme zu matt sind,
greif nach dem unerreichbaren Stern."

Etwas regte sich in ihr. Etwas Mächtiges und Zuversichtliches.
Die neue Dana?
Sie erhob sich vom Bett und ging zurück ans Telefon. Sie rief ein paar Leute an, entdeckte ein paar Zusammenhänge und machte sich nebenbei Notizen.
Nach einer Stunde hatte sie den Namen des Sees herausbekommen, den richtigen Vermieter gefunden und in Erfahrung gebracht, welche Hütte ihr Ex für die kommende Woche reserviert hatte.
Sie rief Linda an und bat sie, mit ihr zu dem See zu fahren, um ihre Kinder zurückzuholen.
Als die gute Freundin, die sie war, änderte Linda ihre Pläne für den Abend und organisierte jemanden, der sich um Mickey kümmerte, während sie Dana zur Seite sprang.
Als nächstes rief Linda die Polizeiwache der Gemeinde an, in der der See lag. Obwohl die Beamten nicht bereit waren, dem Vater ohne Gerichtsbeschluss die

Kinder wegzunehmen, versprachen sie doch, vor Ort zu sein und wenn es sein musste, für Ordnung zu sorgen, wenn sie ihren Ex treffen würde. Sie teilte ihnen mit, dass sie in genau anderthalb Stunden da sein würde.

Als Dana und Linda an dem Ort am See ankamen, war es bereits dunkel. Wie geplant hielten sie bei der örtlichen Polizeiwache an und informierten sie, dass sie nun auf dem Weg zu dem Holzhaus waren. Dana war seltsam ruhig, als sie die kurvenreiche Straße um den See herum fuhren. Sie entdeckte das Objekt 9-B, parkte das Auto und näherte sich der Tür mit fester Entschlossenheit. Linda stand direkt hinter ihr, als sie anklopfte.

Der zerzauste Mann, der sie hereinließ, war vollkommen überrascht. Er schien gerade ziemlich mitgenommen durch die Aufgabe, für zwei kleine Kinder den Vater zu spielen. Durch die offene Tür konnte Dana Katie sehen, die auf der ausklappbaren Couch auf und ab sprang. Kevin lag mit Windel und T-Shirt bekleidet auf dem Boden und kaute zufrieden auf einem Baseball-Handschuh herum.

„Dana! Ich habe nicht erwar... ich meine, wie hast du uns gefunden? Ich wollte dich später noch anrufen," stammelte er. Er war eindeutig ein schlechter Lügner und außerdem noch sehr schockiert von Danas plötzlichem Auftauchen.

„Hör zu, Gary, und hör mir sehr genau zu, weil ich das nur einmal sagen werde. Ich bin nicht hierher gekommen, um mit dir zu streiten. Ich will die Kinder da nicht mit reinziehen. Aber du hattest kein Recht, sie ohne meine Erlaubnis mitzunehmen. Du weißt es, und ich weiß es."

Gary wollte sich rechtfertigen, aber Dana unterbrach ihn.
„Ich will nichts davon hören, Gary, und schon gar nicht jetzt."
Dana erkannte ihre eigene Stimme kaum wieder. Sie hatte nie zuvor in ihrem Leben so sicher geklungen.
„Dies ist weder die richtige Zeit, noch der richtige Ort, und ich bin nicht in der Stimmung dafür. Ich nehme die Kinder jetzt auf der Stelle mit mir Hause und wir können nächste Woche über alles reden."
„Die Kinder bleiben diese Woche bei mir," hielt er dagegen. „Es sind unsere Ferien. Ein Vater hat das Recht..."
„Ein Vater hat Rechte und Verantwortung, Gary. Wenn du deine Rechte wahrnehmen möchtest, dann fang an, Verantwortung zu übernehmen. Offen

gesagt, davon war in deinem Leben bisher noch nicht viel zu bemerken. Wenn du daran etwas ändern und ein besserer Vater werden willst, prima! Auch darüber können wir reden. Aber gerade jetzt steht es dir nicht zu, diese Kinder hierher zu schleppen. Ich werde sie jetzt mit nach Hause nehmen."

Gary überlegte einen Moment und wog seine Chancen ab. „Und was ist, wenn ich 'nein' sage? Was ist, wenn ich sage, dass sie hier bleiben?" fragte er kämpferisch.

„Dann würde ich sagen, dass du ziemlich schlechte Karten hast, wenn wir das nächste Mal vor Gericht gehen und das Sorgerecht neu verhandeln. Mein Rechtsanwalt weiß schon Bescheid. Wir können die Angelegenheit mit ihm oder ohne ihn regeln. Mir ist es egal. Wie willst du's haben, Gary?" fragte Dana und sah ihm direkt und ruhig, aber bestimmt in die Augen.

Gary sah Dana an, als hätte er sie nie zuvor im Leben gesehen. Dann sah er zu Linda hinüber, die seinen Blick erwiderte, ohne auszuweichen. Er schaute mit einem zerknirschten Gesichtsausdruck erneut zu Dana und wollte gerade etwas sagen, als ein Polizeiwagen sich im Schritttempo näherte, um nach dem Rechten zu sehen.

Gary ging zurück ins Haus. „Kommt, Kinder, eure Mama ist da und nimmt euch mit nach Hause."

- Kapitel 14 -

Das Geheimnis der Taschen-Lady

Dana hatte immer eine besondere Vorliebe für Sonntagvormittage gehabt und der heutige war einer der schönsten, den sie je hatte. Als die Taschen-Lady um 10 Uhr anrief, deckte sie gerade einen netten Frühstückstisch für die fröhliche Gesellschaft an ihrer Seite. Linda und Mickey waren da, um gemeinsam mit ihr die Erfolge dieser Woche zu feiern.

„Oh, das trifft sich gut! Ich wollte Sie ohnehin später anrufen, um mich von Ihnen zu verabschieden. Heute geht's nach Hause, nicht wahr?" fragte Dana.

„Ja, ich reise heute Abend ab," bestätigte die Lady. „Aber ich dachte, ich könnte auf dem Weg zum Flughafen noch mal bei Ihnen vorbeischauen. Es gibt da noch ein kleines Geheimnis, das ich Ihnen anvertrauen möchte."

„Oh, das wäre großartig. Ich habe auch noch was, das ich Ihnen unbedingt erzählen muss," sagte Dana und winkte Linda herbei. Sie übergab ihrer Freundin das Telefon, damit sie der Taschen-Lady auf Wiedersehen sagen konnte. Sie wusste, dass Linda später noch etwas vor hatte.

Die Taschen-Lady tauchte am frühen Nachmittag auf, wie üblich mit leidenschaftlich guter Laune. Nach einer herzlichen Umarmung nahmen sie mit einer großen Tasse Kräutertee am Küchentisch Platz. Dana konnte es kaum erwarten, ihr die gestrigen Erlebnisse mit ihrem Ex-Mann zu schildern. Und das tat sie nun, bis in alle Einzelheiten.

„Wissen Sie," vertraute Dana ihr an, „wenn er das vor einem Monat mit mir gemacht hätte, hätte ich niemals den Mut gehabt, ihm so entgegenzutreten. Ich hätte nur die Hände gerungen und darauf gewartet, dass er die Kinder zurückbringt – falls er sie zurückgebracht hätte – und mich die ganze Zeit selbst fertig gemacht.

Aber ich habe mich an etwas erinnert, das Sie mir einmal gesagt haben, als ich mich selbst bemitleidete. Sie sagten, dass es keine Opfer gibt – nur Freiwillige. Sie sagten, dass uns niemand niedermachen kann, es sei denn, wir sind damit einverstanden. Sie kennen gelernt zu haben, hat mich wirklich sehr verändert. Ich verdanke Ihnen eine Menge." Die Augen der Taschen-Lady waren ein wenig feucht, als sie erwiderte: „Dana, ich glaube, es gibt keine Zufälle. Sie waren bereit für eine Veränderung in Ihrem Leben. Sie waren diejenige, die den Mut hatte, die Chance zu ergreifen, die sich bot. Ich war nur diejenige, die das Vergnügen hatte, zur rechten Zeit an der richtigen Stelle zu sein."

Dana nahm die Hand der Lady in ihre beiden Hände.

„Ich bin sehr froh, dass Sie da waren."

„Ich auch," erwiderte die Taschen-Lady. „Wie hat Ihnen denn das Training gestern gefallen?"

„Es war unglaublich, einfach unglaublich! Aber Sie müssen nach solch einem Tag doch völlig erschöpft sein!"

„Machen Sie keine Witze! Ich fühle mich nie lebendiger, als wenn ich eine neue Gruppe trainiere. Aber wissen Sie, es gibt noch einen sehr wichtigen Punkt, über den ich im Training nicht gesprochen habe und von dem Sie vor meiner Abreise noch erfahren sollten."

„Oh, ich freue mich, dass Sie noch daran gedacht haben," sagte Dana.

„Ich mich auch," stimmte ihr die Taschen-Lady zu. „Ach, und bevor ich fahre, möchte ich noch sicherstellen, dass Sie mich auch jederzeit erreichen können."

Sie zog ihre Visitenkarte heraus und hielt sie so, dass Dana die Nummern sehen konnte.

„Das hier ist meine Voicemail-Nummer in der Firma. Ich möchte, dass Sie mich jeden Tag anrufen und mir mitteilen, wie es läuft. Ich höre meine Nachrichten mehrmals täglich ab, so dass Sie auf diese Art immer mit mir in Verbindung bleiben können. Und wenn ich Ihnen jetzt erzähle, was ich vorhabe, werden Sie verstehen, warum es so wichtig ist, dass wir in den nächsten Wochen so oft wie möglich miteinander reden," fügte die Taschen-Lady geheimnisvoll hinzu.

„Was ist denn das für ein Plan?" fragte Dana neugierig.

„Nun, ich habe gesehen, mit welch großem Einsatz Sie sich um Ihr Geschäft kümmern, und deshalb denke ich, wir sollten da noch ein wenig zulegen. Ich werde einige lokale Anzeigen schalten und ein Direktmailing in dieser Gegend veranlassen. Darauf wird es ein großes Echo geben, und ich habe vor, möglichst viele der neuen Kontakte aus dem New Yorker Ballungsgebiet direkt an Sie weiterzuleiten," erklärte die Taschen-Lady.

Dana staunte nicht schlecht und erschrak sogar ein bisschen.

„Machen Sie sich keine Sorgen," beruhigte sie die Taschen-Lady. „Ich werde Ihnen beibringen, wie man damit umgeht. Die ersten zwanzig Telefongespräche werden wir gemeinsam führen, damit Sie sicherer werden. Glauben Sie mir, das wird riesig!

Bevor Sie es merken, werden Sie genug Geld verdient haben, um sich selbst einen Computer zu kaufen, und dann erkläre ich Ihnen, wie Sie auch das Internet für Ihre Zwecke nutzen können. Wir sprechen hier über ein richtiges Power-Werkzeug, okay?"

Die Lady verwies auf eine weitere Reihe von Zahlen und Buchstaben auf ihrer Visitenkarte. „Mit dem Computer haben Sie noch eine weitere Möglichkeit, mit mir in Verbindung zu bleiben: das ist meine E-Mail-Adresse!"

Die Taschen-Lady bemerkte die ersten Anzeichen von Überforderung bei Dana.

„Entspannen Sie sich, meine Liebe! Fürs Erste sehen Sie zu, dass Sie sich einen Lautsprecher für Ihr Telefon zulegen, wie wir es besprochen haben. Das allein ist ein Vermögen wert," versicherte ihr die Lady.

„Und jetzt komme ich auf das Geheimnis zu sprechen, das ich Ihnen erzählen wollte.

Ich halte es für das Geheimnis meines Erfolgs. Wenn Sie diese eine Sache vergessen, ist alles andere, das ich Ihnen beigebracht habe, bedeutungslos."

Jetzt hatte sie Danas mehr als hundertprozentige Aufmerksamkeit.

'Was könnte das wohl sein?' überlegte Dana.

Sie schnappte sich ihr Notizbuch, immer darauf bedacht, sich das Geheimnis genau aufzuschreiben.

Die Taschen-Lady kramte inzwischen wieder in ihrer Tasche und fuhr unterdessen fort:

„Sie müssen mir versprechen, an jedem einzelnen Tag einen Blick darauf zu werfen und das, was Sie da sehen, als das wertvollste Gut der Welt zu betrachten. Nichts sonst auf der Welt macht Ihr Geschäft und Ihr Leben so sehr zu etwas Besonderem und Einzigartigem," sagte sie, immer noch kramend.

„Es ist am Ende das Einzige, das zählt und entscheidet, ob Ihr Leben ein Erfolg oder Misserfolg ist, ob Sie es in Fülle oder in Armut leben und ob Sie glücklich oder unglücklich sind."

Mit diesen Worten überreichte die Taschen-Lady Dana einen kleinen, flachen Gegenstand in einem schwarzen Filzbeutel mit einer Schnur zum Zuziehen.
Vorsichtig löste Dana die Schnur und ließ den Inhalt auf den Tisch gleiten.
Es war ein Spiegel, ein ganz gewöhnlicher Taschenspiegel! Automatisch nahm Dana den Spiegel in die Hand und schaute ernst hinein. Doch schon bald blickte ihr ein lächelndes Gesicht entgegen.

Es war einen Augenblick lang still. Dann sagte die Lady mit der Tasche ruhig: „Und jetzt, liebe Dana, kennen Sie das größte aller Geheimnisse."

- Nachwort -

von Jerry Rubin

"Es gibt keine Frau mit mehr Power im Network-Marketing als Sandy Elsberg. Sandy spricht aus tiefer und ehrlicher Überzeugung. Sie geht mit Leib und Seele in diesem Geschäft auf. Sie nimmt Menschen wichtig. Sie nimmt Sie wichtig.

Niemand weiß besser, was Verkauf heißt, als sie. Niemand verkauft mehr als sie. Ihr ganzes Wesen strahlt das aus und niemandem konnte bisher eine größere Organisation von Verkäufern in diesem Land aufbauen als Sandy Elsberg.

Sie ist ein Veteran in diesem Geschäft, aber sie beginnt es jeden Tag, als wäre es der erste Tag in ihrem Leben. Sie ist die beste Lehrerin in ihrer Branche, weil sie verstanden hat, wie sie wurde, was sie ist - und weil sie das weiß, kann sie anderen beibringen, ebenfalls dorthin zu kommen. Und Sandy zeigt ihnen genau, wie.

Sie ist mit Kopf und Herz dabei und betreibt ihr Geschäft aus den Tiefen ihrer Seele. Sie ist ein Produkt ihrer Lebenserfahrung und der ihres Mentors, und ich kenne niemanden, der so hart arbeitet wie sie.

Die Hingabe Sandy Elsbergs an die Network-Bewegung ist beispiellos. Sandy ist großzügig genug, auch Menschen zu trainieren, die nicht ihrer eigenen Organisation angehören.
Sie ist die großzügigste und kraftvollste Person, die ich kenne, und die beste Lehrerin.

Sie wird, falls diese jemals geschrieben werden sollten, in die Annalen des Network-Marketing eingehen. Sandy Elsberg ist die Frau, die das Network-Marketing in den 90er Jahren (des letzten Jahrhunderts...) entscheidend geprägt hat."

Jerry Rubin im November 1994

- Über die Autorin -

Sandy Elsberg

Ihre Kollegen nennen Sandy gerne liebevoll "Die Taschen-Lady" (obwohl die Taschen, die sie heutzutage mit sich führt, immer öfter Label wie "Bergdorf's" oder "Saks" tragen). Sie schätzt dieses Markenzeichen. Sie hat es sich in den Gefilden des Network-Marketing verdient - gut ausgerüstet mit einer "Du-kannst-es-schaffen"- Mentalität, einem unbezwingbaren Sinn für Humor und immer bewaffnet mit ein paar gut gefüllten Taschen voller Verkaufshilfen und Warenmuster, die es ihr ermöglichten, an jedem Ort und zu jeder Zeit ihr Geschäft zu betreiben.

Im Folgenden einige Meilensteine auf Sandys Lebensweg:

- Weithin angesehen als die "Trainerin der Trainer" im Network-Marketing hält sie regelmäßig Vorlesungen mit den Upline® Masters, einem Kreis von Industriellen, dem viele Größen angehören: John Milton Fogg (der sich gerne auf Sandy als "die göttliche Ms. E." bezieht), Big Al (Tom) Schreiter, Richard Brooke, Jan Ruhe, Russ DeVan, Mark Yarnell, Dr. Charles King und andere Koryphäen des MLM. Bekannt für ihren einzigartigen Stil, der sprühenden Witz mit mutiger Fürsorge verbindet, betrachtet sie sich selbst als einen Schuss Östrogen in einer von Männern dominierten Branche.

- Sie wurde zitiert im Success Magazine und ihre Vom-Tellerwäscher-zum-Millionär-Geschichte zieht sich durch die Seiten von "Wave 3, Your First Year In Network Marketing" und "Wer hat den Amerikanischen Traum gestohlen". Sie ist Autorin für das Upline®-Journal, für MLM Insider, Profit Now und anderen wichtigen Publikationen der Branche.

- Geboren und aufgewachsen in New York, verdankt Sandy einen wesentlichen Teil ihrer hart erarbeiteten Lebenserfahrung einer 10-jährigen Tätigkeit als Grundschullehrerin in einem Ghetto in Brooklyn. Zudem ist sie eine erfahrene Massage- und Colon-Health-Therapeutin.

- In ihrer über 18–jährigen Laufbahn im Network-Marketing hat Sandy mehrere zehntausend Vertreter verschiedener Firmen im ganzen Land ausgebildet.

- Sandy lebt in Dove Canyon, Orange County, Kalifornien, zusammen mit ihren beiden Töchtern Eleah und Anna, einem süßen Hündchen namens Buttons und diversen anderen Haustieren. Sie hofft, dass Sie die Geschichte der Taschen-Lady genossen haben und dass dieses Buch der Auftakt eines anhaltenden Dialogs mit Ihnen, dem Leser, sein wird. Sie ist der festen Überzeugung, dass das Multi Level Marketing wie kein anderer Geschäftszweig auf dieser Erde die magischen Zutaten in sich trägt, die zu jeder großen Geschichte gehören: Spannung und Dramatik, Herausforderungen und Chancen, Konflikte und Widerstände, Mut und Heldentum.

Bei mlm-training.com findest du die besten Produkte, kostenlose Tools und jede Menge Wissen für dich und dein Network Marketing Geschäft.